|アジア|アフリカ|ヨーロッパ|北アメリカ|南アメリカ|オセアニア|

地図化すると世界の動きが見えてくる

Ito Tomoaki
伊藤智章

ベレ出版

はじめに

　グローバル化し、目まぐるしく変わっていく世界の今をつかむには、地図を見るのが一番です。本書は、世界各地の現状と課題を、地図を通じて大づかみにする本です。

　世界の各地域を6つの章に分けて、最近の話題や過去の時代からの変化の過程など、テーマに沿った地図に解説を加えています。本書で登場する地図は、高校で地理を教える私が日々のプリントやスライドを作るノウハウを生かして自分で描いたものです。章末のコラムでは、対象地域と日本との関わりについて、関連する地図を交えて紹介しています。

　ICT化が進む最近の学校では、生徒自身がパソコンを使って、自ら地図を描き、地図を使って議論したり、プレゼンテーションをすることが推奨されています。2022年には約30年ぶりに高校で「地理」が必修になりますが、新しく設置される必修科目「地理総合」では、「自ら地図を描き、考える」学習が前面に出されています。本書を読んでいただくことで、そうした「今どきの地理の授業」を追体験していただけると思います。気候や産業、人口など、テーマごとの世界全体の様子や、日本のデータを使った内容については、前著『地図化すると世の中が見えてくる』（ベレ出版：2016年）をご覧ください。

　東アジアから南極まで、順を追って読んでいただいてもいいですし、ざっとページをめくって、気になる地図がある項目から読み始めていただいても構いません。読み終わった後、「地図って面白いなあ、使えるなあ、描いてみたいなあ」と、感じていただければ幸いです。

　　　　　　　　　　　　　　　　　　　　　　　　　　　伊藤智章

目次

第1章 アジアを地図化する

- 01 減る水田、広がる畑　栽培面積の変化で見る農業の今 ……… 008
- 02 パプリカはどこから来るか？　輸出に特化する韓国の農業 ……… 012
- 03 つながる「両岸」　台湾と中国本土の交通の変化 ……… 016
- 04 アジア貿易の要　存在感を高める沖縄の物流拠点 ……… 020
- 05 プランテーションと森林転換　ゴムとパームヤシの森 ……… 024
- 06 「緑の革命」の光と影　"奇跡の米"の普及とその後 ……… 028
- 07 統計地図で見るインド　経済成長と深刻化する地域格差 ……… 032
- 08 聖地・メッカの入場制限　巡礼者増と安全の両立に向けて ……… 036
- column ❶　「クルーズ船」ブームと修学旅行 ……… 040

第2章 アフリカを地図化する

- 01 アフリカの電源　有望視される大地溝帯の地熱発電 ……… 042
- 02 アフリカの携帯電話事情　電力よりも普及率が高いのはなぜか？ ……… 046
- 03 「飢えるアフリカ」からの脱却　米が支える農村の未来 ……… 052
- 04 アフリカの「豊かな」国々　抜け出せない「天然資源の罠」 ……… 058
- 05 チャイナパワー in アフリカ　数は力なり ……… 062
- 06 「内陸国の罠」を克服せよ　発展のアキレス腱・物流問題 ……… 068
- column ❷　中古車はアフリカを目指す ……… 074

第3章 ヨーロッパを地図化する

- 01 鉄は国家なり　EUのルーツ、ECSCを作った国々 ……… 076
- 02 川がつなぐヨーロッパ　ライン川・ドナウ川の河港 ……… 080
- 03 イギリスのワイナリー　変わるブドウの北限と主産地 ……… 086
- 04 イタリアの南北問題　拡大する格差・拡散する人々 ……… 090
- 05 「コールド・ラッシュ」の功罪　アイスランドのITバブル ……… 096
- 06 難民爆発　殺到する人々、分かれる対応 ……… 100
- column ❸　ランドグラビング―投資か？収奪か？ ……… 104

第4章 北アメリカを地図化する

01 都市で見るアメリカ① 　大都市の発達と縮小 ・・・・・・・・・106
02 都市で見るアメリカ② 　マイノリティが占める町 ・・・・・・・112
03 モーターシティの盛衰 　多国籍化する「アメリカ車」・・・・・118
04 福音か？迷惑か？ 　「石炭ファースト」政策と採炭地 ・・・・・122
05 合衆国とは違います！ 　多言語国家・カナダの多様性 ・・・・・128
column ❹ 　サバの貿易収支――安く売り、高く買う日本 ・・・・132

第5章 南アメリカを地図化する

01 スモッグと貧困層は山を登る 　メキシコシティの大気汚染 ・・・134
02 増え続ける「アマゾン牛」 　飼育頭数世界一の背景 ・・・・・・138
03 広くなったパナマ運河 　物流の変化と過熱する運河間競争 ・・・144
04 アルゼンチン「大豆戦争」 　遺伝子組み換え作物の恩恵と代償 ・・148
column ❺ 　ブラジルタウン・浜松 ・・・・・・・・・・・・・152

第6章 オセアニアを地図化する

01 オーストラリアの小麦 　「讃岐うどん」は大丈夫？ ・・・・・・154
02 「羊の島」から「乳牛の島」へ 　ニュージーランドの戦略的牧畜 　158
03 紙にされる原生林 　タスマニア島の開発と森林破壊 ・・・・・・164
04 南極は、我が領土 　「主張凍結」解除へのカウントダウン ・・・168
column ❻ 　キャッサバとタピオカ ・・・・・・・・・・・・・172

参考文献 ・・・・・・・・・・・・・・・・・・・・・・・・173

※各章の地域分類は、必ずしも学術的に正確な地理的区分を反映したものではございません。章立ての都合上、便宜的に国や地域を分類したものであることをあらかじめご理解いただきますようお願いいたします。
※本書の統計地図の多くは、GISソフト「MANDARA」で作成しました。

第1章

アジアを地図化する

第1章 アジアを地図化する

01
減る水田、広がる畑
栽培面積の変化で見る中国農業の今

　中国の農業をめぐる環境がどのように変化しているのかを知るために、各省別・作物別の栽培面積の変化を地図化してみました。

　図1は、中国の省および民族自治区、直轄市ごとの水田の面積の変化を見たものです。米の栽培面積の減少が最も激しかったのは、南の沿岸部の浙江省で、14年間で131万haの水田がなくなりました。減少率にして61%、日本の米の栽培面積(2018年は147万3000ha)の9割に匹敵するほどです。逆に、北のロシアと国境を接する黒竜江省や吉林省では、米の栽培面積が大きく伸びています。黒竜江省では14年間で204万ha増えました(増加率184%)、吉林省では32万ha増えて76万ha(増加率75.4%)でした。

　中国東北部での水田稲作の拡大には日本の農業関係者も注目しているようで、農林水産省が2014年に詳しい調査と分析を行っています[1]。それによると、中国の東北3省(黒竜江省・遼寧省・吉林省)でジャポニカ米の生産が伸びたのは1990年代半ば以後のことで、その背景には中国人の食生活の変化と、中国のWTO(世界貿易機関)への加盟に伴う農産物の輸出入の自由化があり、特に日本向けの輸出が伸びています。

　黒竜江省の森林面積率は45.7%と、中国の平均(21.6%)を大きく上回り、水資源が豊富なこと、冬は厳寒になるので病害虫が死滅するため、農薬が少なくて済むこと、また、付近に大規模な工業地帯がないので、大気汚染や水質汚染の影響を受けにくく、中国国内でも安全なコメとして信頼が高いことなどが理由として考えられます。現在、中国の輸出米の8割が東北3省で生産されています。

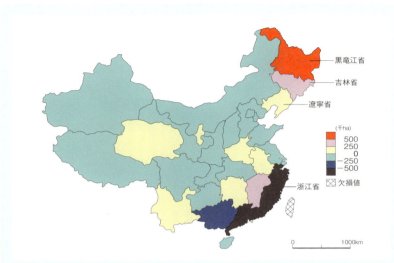

図1　中国の栽培面積の増減　[米]（1999～2013年）

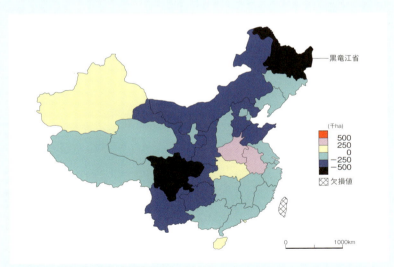

図2　中国の栽培面積の増減　[小麦]（1999～2013年）

〈中華人民共和国国家統計局 Web サイトより〉

次に、畑作を見てみましょう。図2は小麦、図3はトウモロコシの栽培面積の増減です。小麦の栽培面積は全体的に減っていますが、中でも東北部での落ち込みが最も大きくなっています。逆にトウモロコシは東北部で栽培面積を増やしています。黒竜江省を例にとると、小麦畑は82万ha減少しましたが、トウモロコシの栽培面積は279万ha増加し、中国全体の栽培面積も広がっています。

トウモロコシは、主食としての用途よりも、油脂の原料や家畜の餌として多用される作物です。経済発展に伴う食生活の変化がトウモロコシの需要を高めているのかもしれません。

図4は、野菜の栽培面積の変化です。長江の中流域や、南部の沿岸で栽培面積が大きく広がっています。最も増えたのが河南省（69万ha）で、以下、湖南省（64万ha）、雲南省（60万ha）、重慶市（55万ha）、貴州省（52万ha）、江蘇省（49万ha）、河北省（48万ha）と続きます。温暖ながら山がちで平地が少ない地域では、水田の面積を減らし、野菜の栽培を拡大させているようです。

中国の農業で市場原理を反映した「生産責任制」[2]が導入されたのが1980年代の初頭です。かつては地図上で「北は小麦、南は米」と明確に分けられた農業区分も、市場のニーズや食生活の変化、国内外の経済環境の影響を受けて、大きく変化しつつあるようです。

---

1) 農林水産省（2014）：「平成25年度海外農業・貿易事情調査分析事業（アジア・大洋州）中国のコメ生産・消費・輸出状況等（ジャポニカ米を中心に）」
http://www.maff.go.jp/j/kokusai/kokusei/kaigai_nogyo/k_syokuryo/pdf/h25asia-china1.pdf
2) 政府と農家が契約を結び、あらかじめ決められた作物を一定量納めれば、余剰分や別の作物を自由に販売できる制度。

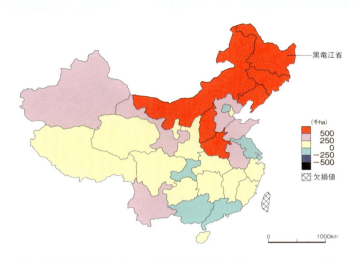

図3　中国の栽培面積の増減　[トウモロコシ]（1999-2013年）

図4　中国の栽培面積の増減　[野菜]（1999-2013年）

〈中華人民共和国国家統計局 web サイトより〉

第1章 アジアを地図化する

02
パプリカはどこから来るか?
輸出に特化する韓国の農業

　最近、スーパーでよく目にする、赤や黄色のパプリカ。産地を見ると「韓国産」とありますが、いったい韓国のどのあたりで作られているのでしょうか。また、韓国から日本に輸出が始まったのはいつ頃なのでしょうか。ハイテク製品と並んで輸出に特化したこの作物について調べてみました。

　韓国でパプリカの栽培が始まったのは1994年のことです。もともと、施設園芸が盛んなオランダで広く栽培されていたものが、設備や栽培技術とともに韓国に導入され、トマトを中心に施設園芸を行っていた農家に栽培が奨励されたそうです。当初は、輸出向け(特に日本向け)に栽培され、冷蔵コンテナに詰めて船便で博多、下関、大阪、東京の4港に輸出されていました。そのため、栽培地域は釜山港に近い南部が中心でした。2001年頃から韓国国内での需要も伸びて、首都ソウルに近い北部の江原道で栽培が盛んになりました。現在は、釜山に隣接する慶尚南道と、江原道が二大産地になっています。

　図1・2は、韓国の道別のパプリカの収穫量と栽培面積を地図化したものです。南部の慶尚南道は2010年に135haだった栽培面積が2013年には202haに、収穫量は2010年の1万5004トンから2013年には2万814トンに伸びました。北部の江原道は栽培面積が127haから195haに、収穫量は2010年の8259トンから2013年には2万432トンと、南部とほぼ肩を並べるところまで急速に伸びています。

　図3は、各地で生産されるパプリカの出荷先を、国内向けと国外向けに分けて、その割合を示した地図です。釜山近郊の慶尚南道だけが外国向けの割

012

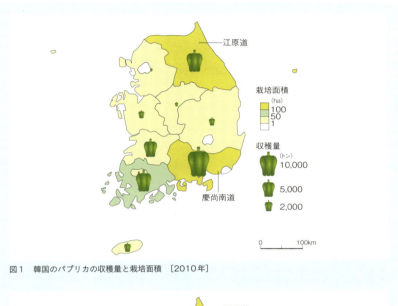

図1　韓国のパプリカの収穫量と栽培面積　[2010年]

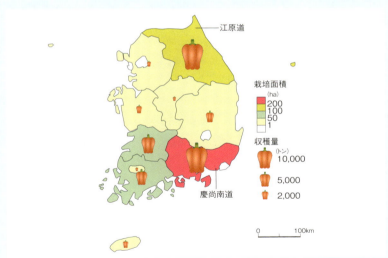

図2　韓国のパプリカの収穫量と栽培面積　[2013年]

〈韓国統計庁(KOSIS)資料より作成〉

合が高くなっていますが、その他の地域は国内向けのほうが高くなっており、第二の産地である江原道も、国内向けのシェアのほうが高くなっています。

　表1は、韓国産のパプリカの輸出先の統計をまとめたものです。99.8%が日本向けの輸出です。また、日本向けが輸出量を年々伸ばしているのに対し、他の地域向けは減少しています。

　イタリア料理の人気が高い日本では、韓国産のパプリカが入ってくる前は、主にオランダから空輸されていました。2000年時点で、日本のパプリカ輸入量は1万205トン、韓国産は19.8%だったのに対し、2015年の年間輸入量は2万8728トン、韓国産が占める割合は72.4%に増加しました。韓国政府は、パプリカの輸出推奨策を進めるにあたり、オランダ式の施設空調温度自動管理システムの導入を支援し、高品質高級農産物ブランド「フィモリ」の対象品目に指定して、高品質、高価格路線をとりました。規格から外れたパプリカは国内市場に回り、安く販売されることで、韓国国内でもパプリカの需要が高まったようです。

　このように、いいことづくめのように見える韓国産パプリカですが、施設園芸が中心で、なおかつ特定の国向けの輸出に依存していることで抱えているリスクは小さくありません。特に、原油価格の上昇に伴う冬場の暖房費の上昇は、寒冷な気候で、なおかつ低価格な国内向けのパプリカを量産する江原道の産地にとっては利益を圧迫する問題です。また、近年の円安は、日本向けパプリカを量産する慶尚南道の産地には頭の痛い問題です。日本でも西日本を中心に、パプリカの産地が生産量を伸ばしています。

　ヨーロッパの野菜を自国で作り、隣国に輸出することで大成功を収めた韓国産のパプリカですが、競争相手の増加や環境の変化にどう対応していくか、新たな課題に直面しているようです。

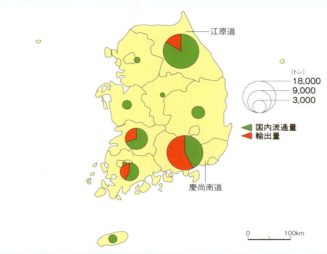

図3 韓国のパプリカの収穫量と出荷先 (2013年)

輸出先	2009	2010	2011	2012	2013	シェア (%)
日本	17,678	16,162	16,478	20,762	22,017	99.8
香港	0.3	3	0.5	0.4	5.1	0.0
ロシア	0.7	1	7	1.5	1.1	0.0
台湾	42	30	5.3	0	4	0.0
オーストラリア	0	2.5	12	1.5	0	0.0
カナダ	0	0	10	0	0	0.0
全体	17,725	16,168	16,513	20,765	22,067	100.0

表1 韓国産パプリカの輸出相手先とその推移 (トン)　　(少数第二位四捨五入)

〈韓国統計庁 (KOSIS) 資料より作成〉

03 つながる「両岸」
台湾と中国本土の交通の変化

　中国の政治用語に「両岸三地」という言葉があります。中国大陸、香港、台湾のことです。単に「両岸問題」と言えば、大陸と台湾との関係です。中華人民共和国と中華民国が争った「国共内戦」の結果、国民党軍が1949年に台湾に拠点を構えて以来、大規模な戦闘はないものの、台湾海峡を挟んで緊張が続いてきました。両者が最も接近している場所は、厦門(アモイ)の沖にある金門(チンメン)島で、その距離はわずか6kmしかありません(図1・2)。国民党政権は、中華人民共和国と不可触(接触しない)、不談判、不妥協を貫く「三不」政策を貫いてきました。そのため台湾の人が中国に行く場合は、イギリス領だった香港を経由して入国しなければなりませんでした。

　臨戦態勢とも言える閉ざされた関係が動き出したのは2001年です。金門島と厦門との間でフェリーの運航が始まります。通航・通商・通郵の「三通」の限定的な解禁は、「小三通」と呼ばれました。次いで2003年に、大陸で働いている台湾企業関係者の春節(旧正月)の帰省に限り、香港経由の旅客機のチャーター便が開通します。そして2008年には、週末と春節期間に限定した直行チャーター便の運航が始まりました。

　図3は、2008年に台湾ー大陸間を結んだチャーター便の路線図です。台北・高雄と、北京・上海・南京・広州・厦門を結びました。当初、台湾海峡上空を避けて、いったん南下して香港付近を通過した上で各都市に向かうルートが設定されたため、台北ー北京の所要時間は4時間10分でした(直行できるようになってからは3時間25分)。

　春節のみのチャーター便から始まった中台直行便は、その後、毎週末ごと

03 つながる「両岸」 台湾と中国本土の交通の変化

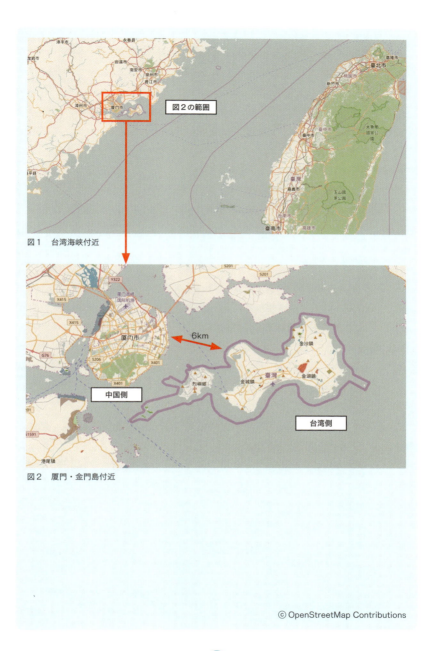

図1　台湾海峡付近

図2　厦門・金門島付近

© OpenStreetMap Contributions

に増便され、中台以外の第三国の旅行客も利用できるようになり、2008年12月には毎日運航されることが許可され、就航都市も台湾2、中国5都市から、台湾3、中国21都市に拡大しました。現在は、中国50都市、週550便が就航しています。

図4は、現在の台湾および中国の航空各社の中台路線をまとめた地図です。台湾から中国の22都市に定期便が就航しています。そのうち、台湾の航空会社（エバー航空・中華航空）のみ就航している都市が15都市で、圧倒的に台湾の航空会社のほうが多くの路線を就航させています。台湾の航空会社が積極的に大陸への路線を持つ背景には、新幹線の開通による国内線利用者の減少と、国内線中心に運用されている台北近郊の松山空港の有効利用の側面もあります。台湾の航空会社にとって大陸路線は「新たな国内線」の開拓とも言えます。

台湾と中国は、2010年にECFA（両岸経済協力枠組協定）を結びました。2015年の台湾から中国への輸出は712億ドル（輸出額に占める割合は25.4％）、台湾から中国への投資は109.6億ドル（投資額に占める割合は50.5％）と、台湾にとって中国は最も関係の深い貿易相手になっています。投資先の業種は、金融・保険業が最も多く（25.4％）、次いで電子部品・コンピューター産業（10.1％）です。中国では、台湾のOEM（相手先ブランド製造委託）メーカーが電子機器の製造拠点を持っており、たくさんのお金や人、情報が行き来しています[1]。

2018年1月、中国政府は、台湾との事前協議なしに台湾海峡の中間線上空を通過する新航路の開設を発表しました。これに反発した台湾側は、中国の航空会社2社が2月の春節（旧正月）の帰省客向けに申請していた臨時便の認可を破棄しました。一時は金門島の空港に帰省客があふれかえるのではないか（中国本土からフェリーで金門島に渡り、国内線で台湾本土に帰る）と懸念されましたが、交渉は一時凍結されて往来は続いています。

密接なつながりと頻繁な往来を取り戻した中台両岸ではありますが、政治的な対立によって突然ストップしてしまう可能性もはらんでいます。

---

1) 日本貿易振興機構（ジェトロ）：2016「2015年の両岸貿易・直接投資動向」
https://www.jetro.go.jp/ext_images/_Reports/01/f2e1998913e233a0/20150171.pdf

03 つながる「両岸」 台湾と中国本土の交通の変化

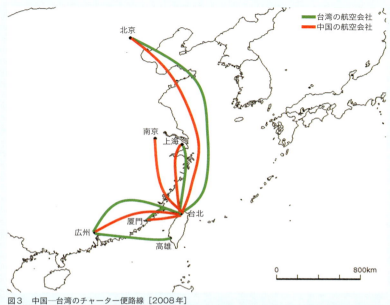

図3 中国―台湾のチャーター便路線 [2008年]
〈Wikipedia（台湾版）「2008年兩岸週末包機」より作成〉

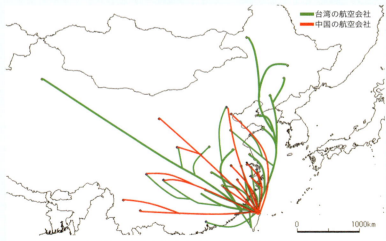

図4 中国―台湾の航空機相互乗り入れ路線 [2016年]
〈各航空会社Webサイトより作成〉

04
アジア貿易の要(かなめ)
存在感を高める沖縄の物流拠点

　琉球王国の時代から中継貿易が盛んに行われてきた沖縄。2012年に政府の「国際物流拠点産業集積特区」に指定され、24時間化された那覇空港における生鮮品の物流システムが注目されています。地理的な優位性を生かしてどのような貿易が行われているのか、輸出品と相手国を中心に、ここ数年の動きを地図化してみました。

　図1・2は、沖縄県から周辺の国へ向けての輸出額と輸出品の内訳を表した地図です。2010年と2015年を比較しています。沖縄県から外国への輸出のうち、98.2％がアジア諸国向け（2015年）です。日本全体の輸出額に占めるアジア向けの割合が53.3％（2015年）なので、沖縄の輸出に占めるアジアへの依存度はより高くなっています。地図の右端、太平洋上にある緑（魚介類）の円グラフの輸出先は、「米領グアム」です。沖縄県内の漁港に所属するマグロ漁船は、加工基地があるグアム島で水揚げすることが多いため、統計上「沖縄からグアムへの輸出」とカウントされるためです。沖縄県から外国に輸出される魚介類の86.2％（2015年）を占めています。

　図3は、沖縄県からの輸出品と輸出額の推移をグラフにしたものです。2011年の輸出で最も多くを占めていたのは石油製品でした。全体の53.9％を占めます。同年の沖縄の輸入額のうち、65.1％を原油が占めており、沖縄では原油を輸入し、軽油やガソリンなどの石油製品に加工して近隣諸国に再輸出するビジネスモデルが確立していたことがわかります。

　ちなみに、沖縄本島には2か所の製油所がありましたが、出光興産の沖縄精油所が2003年に撤退し、2015年には地元資本でブラジル企業から出資を

04 アジア貿易の要 存在感を高める沖縄の物流拠点

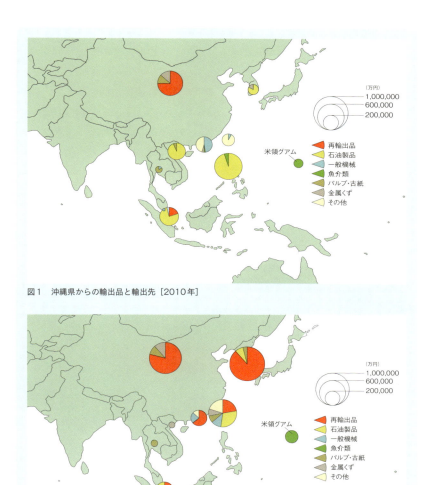

図1　沖縄県からの輸出品と輸出先［2010年］

図2　沖縄県からの輸出品と輸出先［2015年］

〈沖縄地区税関「外国貿易年表」より作成〉

受けた「南西石油」の西原製油所が閉鎖されました。2014年から2015年にかけて、石油製品の輸出が大きく落ち込んでいますが、この製油所の閉鎖が大きく響いていると思われます。

　石油製品に代わって輸出額を増やしているのが「再輸出品」です。外国から沖縄にいったん輸入され、再び第三国に輸出される商品で、詳しい品目は明らかになっていませんが、この制度は、1959年に米軍統治下で始まった「自由貿易地域」を受け継ぐもので、那覇港、那覇空港、中部のうるま市に保税地域[1]を置き、所得税や法人税の減免措置をとっています。

　表1は、那覇空港からの輸出品を見たものです。輸出貨物のうち7割以上を再輸出品が占めていますが（2015年）、魚介類や肉類などの生鮮食品の輸出が伸びていることがわかります。米領グアムを除いた魚介類の輸出先として最も多いのが香港（68.2％）で、輸出額は6.9億円でした。航空会社では全国の特産品を那覇空港経由で輸出するモデルを積極的に進めており、扱われる魚介類や肉類は、沖縄県産とは限りません。日本国内各地とアジアをつなぐ中継貿易は、今後も発展していく可能性は高そうです。

1)　外国から輸入した貨物の関税の徴収が、一定期間猶予される地域。

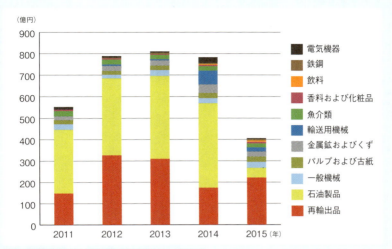

図3 沖縄県の輸出品と輸出額の推移(2011～2015年)

	2010年		2015年	
品目	輸出額(万円)	%	輸出額(万円)	%
再輸出品	281,704	45.7	387,986	73.6
肉類	1,155	0.2	14,677	2.8
魚介類	9,259	1.5	17,405	3.3
果実・野菜	468	0.1	7,144	1.4
飲料	-	0	8,279	1.6
化粧品	-	0	8,617	1.6
電気機器	314,727	51	30,430	5.8
科学機器	3,524	0.6	13,888	2.6
その他	5,693	0.9	38,574	7.3
合計	616,531	100	526,840	100

表1 那覇空港からの輸出品

〈沖縄地区税関「外国貿易年表」各年版より作成〉

05 プランテーションと森林転換
ゴムとパームヤシの森

　「Global Forest Watch」は、アメリカ・ワシントンD.C.に本部がある民間の研究機関で、「国際資源研究所」（World Resources Institute）の一部門として1997年に開設されました。GISの専門企業である米ESRI社などとパートナーシップを組み、Web GISを介して世界の森林破壊の現状と、森林破壊をもたらしているプランテーションの拡大や鉱山の開発、人口の移動や集中を重ね合わせて、時間的な変遷を可視化しています。Web上で地図を見ることもできますが、今回は公開されているGISデータを使って白地図上に森林やプランテーション農園の分布図を描いてみました。

　図1は、プランテーションが盛んなマレー半島、スマトラ島、ボルネオ島の熱帯雨林の分布と、破壊された場所を示した地図です。熱帯雨林気候に属し、一年中高温多雨なこの地域は、かつては島全体を熱帯雨林が覆っていたと考えられますが、植民地化が進む中で農園開発が進み、現在も原生林が残っているのは内陸部の山岳地帯だけになっています。特に、マレーシア（マレー半島とボルネオ島北部）では、原生林がある場所は極めて限られており、国土の大部分がプランテーション農園や鉱山になっています。

　図2は、プランテーション作物の植栽地の分布です。原生林の地図では空白になっていた場所と対をなすような形で、青い点（パームヤシ）や赤い点（天然ゴム）が目立ちます。マレー半島やボルネオ島北部、スマトラ島東部は、熱帯雨林を切り拓いて造成されたプランテーションの樹林で埋め尽くされ、その多くがパームヤシ（油やし）の農園です。

　パームヤシの原産地は西アフリカで、東南アジアにもたらされたのは

05 プランテーションと森林転換 ゴムとパームヤシの森

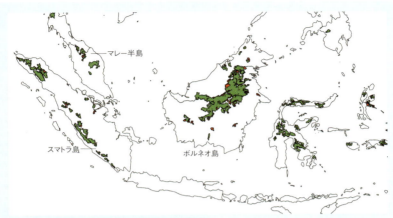

図1 マレーシアおよび周辺地域の熱帯原生林と消失地
（2000年と2013年の森林被覆地の比較。赤が消失した森林）

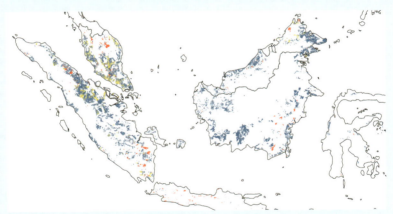

図2 マレーシアおよび周辺地域におけるプランテーション農園の分布
（赤：天然ゴム、青：パームヤシ、黄：天然ゴムとパームヤシの混在）

〈"Intact Forest Landscapes" より作成〉

1848年でした。当初は観賞用に栽培されるだけの作物でしたが、20世紀初頭から採油が本格的に行われるようになると、徐々に栽培地が広がっていきました。1956年にマレーシア政府が、天然ゴムの輸出依存からの脱却を目指して、世界銀行の支援を受けてパームヤシへの栽培転換を奨励したことが転機になり、マレー半島を中心にパームヤシへの転換が進みました[1]。その後、1970年代からボルネオ島で森林を切り拓いてプランテーション農園を新たに建設する動きが加速しました。マレーシアの成功を受けて、1980年代からはインドネシアでもパームヤシの栽培が奨励されました。「パームヤシの生産量でマレーシアを抜いて世界一になる」との方針の下、ゴム園の転換よりも天然林を伐採して、新たにプランテーションを切り拓いています。

　図3は、パームヤシの種から油を搾る搾油工場の分布です。マレー半島とスマトラ島、ボルネオ島のプランテーション地帯に分布が集中し、インドネシアの中心であるジャワ島にはありません。現在、マレーシア、インドネシアの両国で、世界全体の生産量の約85%（インドネシア3340万トン、マレーシア1996万トン：2015年）を占めていますが、両国の限られた場所に生産から加工まで集中していることがわかります。

　写真1は、Google Earthで見たボルネオ島北部のパームヤシ園です。整然と直線状に植えられた木が続き、ところどころに管理棟があります。写真2の地上には、等間隔に植えられた木と運搬用の道が見えます。

　パームヤシの種を搾って採るパーム油は、2005年に大豆油を抜いて、世界で最も消費される油になりました。調理用油だけでなく、マーガリン、チョコレート菓子、スナック菓子、即席めん、冷凍食品など加工食品には欠かせません。また、洗剤、塗料、インク、化粧品の材料としても利用され、種を取った後の果実の部分（ヤシ殻）は乾燥させ炭化させた上で、バイオマス燃料として輸出されるなど、用途の広い作物です。

　東南アジアの島々を上空から見れば緑豊かな島々です。しかし、拡大すると沿岸から内陸までの広い地域はプランテーションの樹林です。森林伐採をした後に植林をすれば見かけ上の森林面積は維持され、二酸化炭素排出権の販売もできます。森林「破壊」ではないものの、森林の「転換」が、生態系に与える影響は、深刻な環境問題の一つとして受け止めるべきです。

1)　高多理吉 (2008)：「マレーシア・パーム油産業の発展と現代的課題」，季刊 国際貿易と投資 (74)

05 プランテーションと森林転換 ゴムとパームヤシの森

図3　東南アジア地域におけるパームヤシ油の搾油工場の分布　〈"Intact Forest Landscapes"より作成〉

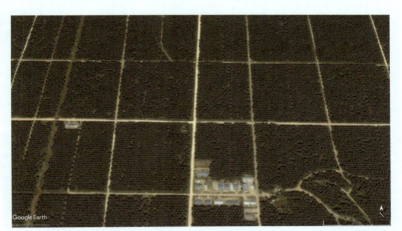

写真1　上空から見たパームヤシのプランテーション　©Google

写真2　地上から見たプランテーション

写真3　パームヤシ　©Bongoman

第1章 アジアを地図化する

06 「緑の革命」の光と影
"奇跡の米"の普及とその後

　第二次世界大戦後、東南アジア諸国は植民地支配から脱しましたが、1960年代までは慢性的な食糧不足に悩まされてきました。当時は主食よりも、商品作物の生産を優先した「強制栽培」に基づいた経済で、土地生産性の低い畑や水田で家族労働に支えられた伝統的農法などが主流でしたが、急増する人口の食糧をどう賄うかが各国の課題となっていきました。

　1960年、アメリカが中心となり、フィリピンの首都マニラの郊外に「国際稲作研究所」（IRRI）が設置されました。アメリカは、農業支援を通じて安い穀物を安定的に供給できる体制を整え、この地域への中国やソ連の影響を抑える狙いがあったのです。「奇跡の米」と言われた新品種の開発や、化学肥料や灌漑農法を取り入れた農法の近代化などで生産量は飛躍的に増えました。これを「緑の革命」と呼んでいます。

　表1および図1は、東アジアおよび東南アジア各国の米の生産量を1965年当時と現在（2013年）で比較したものです。最も伸び率が高いのがスリランカ（604%）で、以下、インドネシア（549%）、ベトナム（470%）、ラオス（461%）、フィリピン（452%）、インド（347%）と続きます。1966年にIRRIが開発した新品種である「IR 8」は、「奇跡の米」と言われ、東南アジアの稲作や貿易の構造を大きく変えました。

　「緑の革命」の影響を強く受けた国として、インドとベトナムがあります。図2・3は、両国の米の貿易量の推移をまとめたグラフです。慢性的に米を輸入に頼っていたベトナムやインドは、「緑の革命」で輸出国に転じました。1965年、ベトナムでは936万トンの米の収穫がありましたが、33万トンの

国・地域名	生産量の増減（トン） （1965〜2013年）	伸び率（％） （1965〜2013年）
スリランカ	3,856,842	604.7
インドネシア	5,8304,712	549.4
ベトナム	34,670,757	470.0
ラオス	26,74,560	461.4
フィリピン	14,366,770	452.8
インド	113,316,496	347.0
日本	-5,368,060	66.7

表1　東アジア・東南アジアの米の生産量の変化

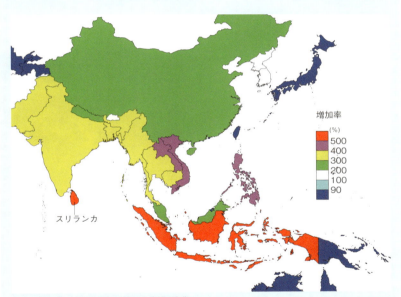

図1　東アジア・東南アジアの米の生産量の変化

〈FAO（国連食糧農業機関）"FAOSTAT" より作成〉

米を輸入していました。インドでは、4588万トンの生産に加え、107万トンを輸入しました。ベトナムの米の輸出が大きく変化したのは1980年代の後半で、1985年に5万9400トンだったものが、1990年には27倍の162万トンに、2000年に348万トン、2005年に525万トン、ピークの2010年には689トンになりました。インドでは、1961年の輸出量がわずか155トンだったものが1970年には2万7000トン、1980年には48万トン、1995年には491万トン、2013年には1130万トンになりました。米の輸出国は長い間タイが1位でしたが、2017年の統計ではインドが1位（総輸出量に占めるシェア25％）で、2位がタイ（同25％）、3位がベトナム（同13％）になっています[1]。

米の増産は、品種改良によるものだけではありません。雨季と乾季の差がはっきりした気候の東南アジアでは、雨季に河川が氾濫しやすく、水はけの悪い水田で稲作が行われていました。しかし、水路網が整備されたおかげで、土地の生産性が上がったのです。また、灌漑設備の充実や、機械化を進めることで労働生産性も上がりました。それまで稲作を行っていなかった乾季にも、水田に水を入れて二期作（場所によっては三期作）が行えるようになりました。安くて安定した食糧の供給は、都市で暮らす人々の生活にも恩恵をもたらし、これらの国々の経済成長にも大きく貢献しました。

ただ一方で、急速な近代化は農村の経済や環境に影響を与えています。新しい品種の種や化学肥料を買える農家とそうでない農家の格差や、相対的に米の価格が下落することによる伝統的な稲作農家の収入減により、農村を離れて都市を目指さざるを得ない人も少なくありませんでした。東南アジアやインドの大都市で必ず見かける色とりどりの屋台は、こうした農村からの出稼ぎ労働者や移住者が担っています。また、巨大なスラムを抱えている都市も少なくありません。食糧不足から安定供給へ。自給自足から輸出経済への転換を促した「緑の革命」ですが、その功罪については意見が分かれるところです。

1) 農林水産省「世界の米需給の現状」
   (http://www.maff.go.jp/j/council/seisaku/syokuryo/170331/attach/pdf/index-21.pdf)

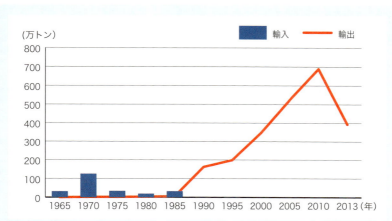

図2　米の貿易量の推移［ベトナム］

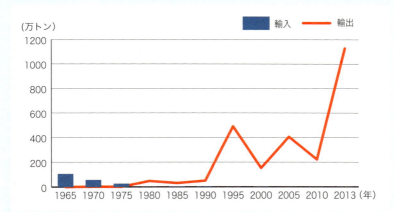

図3　米の貿易量の推移［インド］

〈FAO（国連食糧農業機関）"FAOSTAT" より作成〉

第1章 アジアを地図化する

07 統計地図で見るインド
経済成長と深刻化する地域格差

　インドの国勢調査は、1872年、イギリス植民地の時代に始まりました。以来、10年に1回のペースで大規模な調査が行われています。直近の調査（2011年調査、2014年10月発表）では、インドの総人口は12億1057万人でした。政府が運営している公式サイト（http://censusindia.gov.in/）は、各州ごとの数値を合算した統計が多く、私たちがよく目にする「都道府県別（州別）」にまとめた統計が少ないので、州別の比較をしたければ、各州の数値をつなぎ合わせるしかありません。お国柄なのか官僚気質なのかわかりませんが、とにかく公式統計から主題図を作りにくい、地理関係者泣かせの国なのです。同じ悩みはインドの研究者やインド経済を分析するエコノミストも抱えているようで、インターネット上にはインドの経済統計を使った「解説サイト」がたくさんあります。

　図1は、インドの各州別の平均所得の地図です。出典は、「Maps of India.com」（http://www.mapsofindia.com/census/）というサイトで、インドの国勢調査から作成した地図画像を販売していますが、サンプル画像とデータは無償で見ることができます。

　2004〜2005年の時点で、インド全体の1人あたりの年間平均所得は約362ドル（2万4143ルピー）でした。最も豊かだったのは西南部のゴア州の1154ドルで、この州以外は直轄市を除いて1000ドルを超える州はありません。逆に最も低かったのがバングラディシュの西隣、ヒンドスタン平原にあるビハール州の118ドルで、西隣のウッタル・プラデシュ州（194ドル）とあわせて、インドの北部に最貧地域が連なっています。

07 統計地図で見るインド 経済成長と深刻化する地域格差

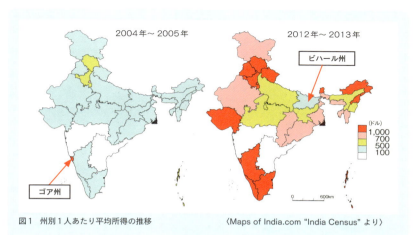

図1 州別1人あたり平均所得の推移 〈Maps of India.com "India Census" より〉

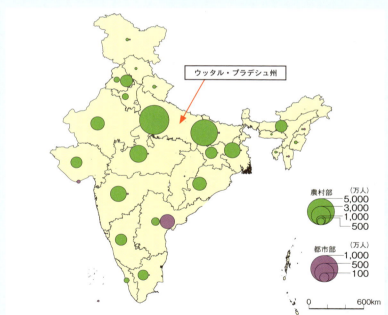

図2 インドの州別貧困人口
〈インド中央銀行 "Number and Percent of Population Below Poverty Line" より作成〉

2012 〜 2013年の統計では、1人あたり年間1000ドル以上の州が増えています。トップはやはりゴア州で、3007ドルでした。1人あたり年間1000ドル以上の州は18州に増え、うち4州が2000ドルを超えました。一方、最貧州の順位は変わらず、ビハール州、ウッタル・プラデシュ州ですが、それぞれ1人あたり408ドル、504ドルにまで上昇しました。ただ、2004 〜 2005年の時点で最も豊かな州と貧しい州の差は1036ドルでしたが、2012 〜 2013年では2599ドルになり、格差は広がっています。

　図2は、インドの州別の貧困人口（2009年）を、都市と農村で比較した地図です[1]。最貧州であるビハール州の貧困人口率は39.4％で、農村の貧困人口は4937万人（貧困率55.3％）です。都市に住む貧困人口が最も多いのが首都デリー近郊のウッタル・プラデシュ州（1万3735人、都市貧困率31.7％）でした。

　所得の格差は、生活の基盤である社会インフラの差にも現れます。図3・4は、インドの各世帯が夜の照明に用いる手段を調査した統計を基にしたグラフです。最も貧しい州であるビハール州は、灯油ランプの利用率が8割を超え、日常生活で電気をほとんど使っていない状態にある一方で、ゴア州は96.9％が電気を使っています。ただ、夜に「灯りがない」と回答した世帯の割合は、ビハール州が0.1％に対してゴア州は0.4％と、逆に高くなっています。農村から都市に出て暮らす最貧困層は、相当な数にのぼるのではないかと推測されます。

1)　在インド日本大使館（2009）「インドの主要州別貧困人口」より。「貧困層」にカウントする「貧困ライン」収入は、各州ごと、および都市と農村で異なります。
　　(http://www.in.emb-japan.go.jp/Japanese/Indian_Economy/3 (r) .pdf)

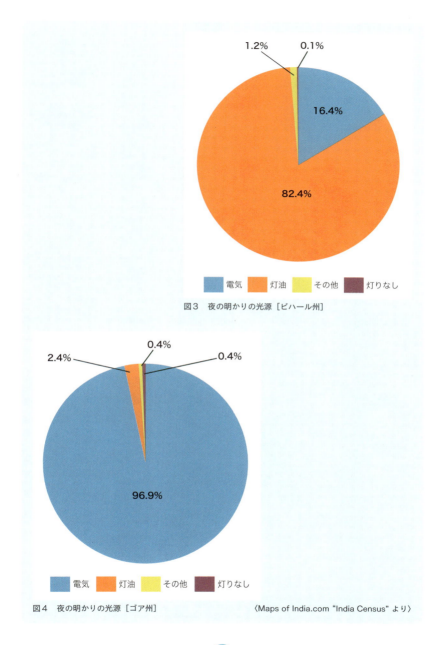

図3　夜の明かりの光源 [ビハール州]

図4　夜の明かりの光源 [ゴア州]　　〈Maps of India.com "India Census" より〉

08 聖地・メッカの入場制限
巡礼者増と安全の両立に向けて

　イスラム教徒の義務として1日に5回祈りをささげる土地であるメッカ。信徒にとっては一生に一度は訪れたい聖地巡礼を、アラビア語では「ハジ（Hajj）」と言います。サウジアラビア政府によると、2016年は年間189万2909人が訪れました。そのうちの約70％にあたる132万5372人がサウジアラビア国外からの来訪者でした。

　歴史の中の「巡礼」と言えば、砂漠を何か月も旅するキャラバンで、交易を兼ねた冒険商人たちによる命がけの旅というイメージがありますが、現代では外国からの来訪者は94％が飛行機を使って入国しています。また、巡礼者の45.4％が女性でした。イスラム教徒が多い国の中には、人口が増加し、なおかつ急激な経済発展を遂げている国もあり、聖地巡礼のニーズは高まるばかりですが、受け入れ側のサウジアラビアでは、巡礼者の入国を大幅に制限する動きがあり、物議を醸しています。

　図1・2は、メッカへの巡礼者を出発国別にまとめた地図です。2011年と2016年を比較しました。2011年には年間1万人以上の巡礼者を送り込む国が相次ぎました。最も多かったのはエジプトで26万人に達しました。以下、パキスタン（約12万5000人）、インド（約5万6000人）、イエメン（約4万1000人）、バングラデシュ（約3万3000人）、スーダン（約3万1000人）、シリア（約2万7000人）、インドネシア（約1万8000人）と続きます。しかし、2016年には、パキスタンとエジプト以外はすべて1万人を下回りました。

　図3は、国別の巡礼者数の変化をグラフにしたものです。外国からの巡礼者は2012年にピークに達しますが、2013年以後急激に減少し、回復の兆し

08 聖地・メッカの入場制限 巡礼者増と安全の両立に向けて

図1　メッカに渡航した巡礼者数　[2011年(出発国別)]

図2　メッカに渡航した巡礼者数　[2016年(出発国別)]

〈サウジアラビア王国統計庁 "Statistics of Hajj" より作成〉

は見えません。2016年の巡礼者はエジプトから3万4996人、パキスタンから1万4589人、インドから8446人と、どの国も大幅に減りました。巡礼者が激減した背景には、押し寄せる巡礼者に対応しきれなくなったサウジアラビア政府による受け入れ制限があります。観光地でも観光客の集中による事故や周辺環境の悪化が問題視されますが、決して大きくない街に限られた期間（ラマダン月など）に巡礼者が集中するメッカでは問題はより深刻です。例えば、2015年9月24日に起きた巡礼者による将棋倒し事故では769人が亡くなりました（サウジアラビア政府の発表値。出身国の政府が発表した死者数を合計すると、2181人になる）。事故のわずか9日前の9月11日には、カーバ神殿の前のモスクの改修工事をしていたクレーンが倒れて107人が死亡する事故が起きたばかりでした。こうした事故だけでなく、巡礼者の病気（特に高齢の巡礼者の体調不良や、熱中症による死亡）や盗難、行方不明などのトラブルも頻発しています。安全の確保のためには致し方ないという考えがある一方、「聖地の守護者」としての役割を果たせないまま、一方的に入国を制限する政府のやり方に対する批判とが入り混じる中、現在も入国制限が続いています。

　図4は、アジアから北アフリカにかけてのイスラム教徒の分布と、国民に占めるイスラム教徒の割合を示した地図です。最もイスラム教徒が多いインドネシアでは、推定2億2800万人、人口比率の少ないインドでも1億6000万人のイスラム教徒がいます。現在、各国には年間最大20万人程度の巡礼者の受け入れ枠が用意されていますが、国によっては渡航申請を出してから10年以上待たなければならない事態も発生しています。

　2016年からサウジアラビア政府は、メッカに入るすべての巡礼者にGPSと個人識別IDを内蔵したブレスレットの着用を義務付けました。混雑状況を常に把握して、将棋倒しなどの危険性がある場所に近づかないように警告を発し、迷子や急病人の身元確認に役立てようというものです。

　歴史上まったく経験したことのない巡礼ラッシュの中で、信者の聖地巡礼への欲求と安全性をどう両立させていくのか、人口や交通手段、外交関係を加味しながら、各国に「巡礼者受け入れ枠」をどう振り分けるかなど、「聖地の守護者」であるサウジアラビア政府としても、頭の痛い問題のようです。

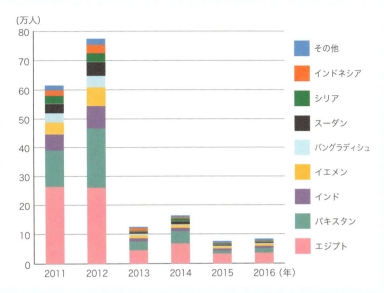

図3　周辺国からのメッカ巡礼者数の推移　〈サウジアラビア王国統計庁 "Statistics of Hajj" より作成〉

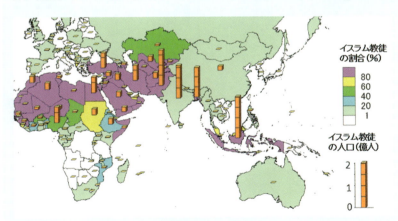

図4　アジア・アフリカ周辺のイスラム教徒の信者数と人口割合
〈Pew Research Center（2009）"Interactive Data Table: World Muslim Population by Country" より作成〉

column ① 「クルーズ船」ブームと修学旅行

　私が勤める静岡県の高校の修学旅行先は例年沖縄でしたが、先ごろ行先が台湾に変わりました。「生徒に国際経験を積ませたい」ということもありますが、沖縄でのバスやホテルにかかる経費が年々高くなり、「あらかじめ決めておいた上限を超えてしまう」「台湾に行ったほうが安い」という理由もあります。

　なぜ沖縄の修学旅行が高くなっているのでしょうか。背景には中国や台湾からやってくる「クルーズ船」ブームが響いているようです。

　図1・2は、国土交通省がまとめた日本の各港湾のクルーズ船の年間寄港数を地図化したものです。2013年の日本のクルーズ船の総寄港数は1001回（うち外国船は303回）でしたが、5年後の2018年になると、総寄港数は2928回（うち外国船は1913回）と急増しました。年間100回以上の寄港があった港は、2013年は横浜港と神戸港の2港でしたが、2018年には10港に増えました。

　飛行機と違って手荷物の持ち込み制限がないクルーズ船の旅では「爆買い」が可能です。旅行会社側も、免税店からの協賛金で、格安の値段でクルーズの旅を提供しています。一度入港すれば2000〜4000人の乗客を運ぶので、寄港地の貸切バスも潤いますが、この「爆買い」ツアーが物価高を引き起こし、修学旅行離れを招いている可能性があるのです。

　九州や沖縄の修学旅行離れを食い止めるためには、貸切バスで定番のルートを回るだけでなく、公共交通や「まち歩き」を取り入れた新しいプランを提案する必要性を感じます。

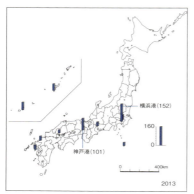
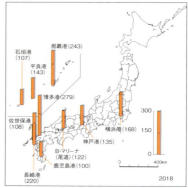

図1 クルーズ型大型旅客船の港湾別寄港回数（左：2013年）・図2（右：2018年）
〈国土交通省：「2018年の訪日クルーズ旅客数とクルーズ船の寄港回数（速報値）」より作成〉

第2章
アフリカを地図化する

01 アフリカの電源
有望視される大地溝帯の地熱発電

　アフリカ大陸とアラビア半島を分かつ細長い海、紅海は、かつて1つの大陸の岩盤（プレート）だったものが、マグマの噴出で引き裂かれ、押し広げられたところに海水が浸入した、若い「海嶺」です。裂け目は紅海の入り口からさらに東アフリカを南下し、エチオピア、ケニア、タンザニア、マラウイ、モザンビークまで、総延長約6400km、幅35〜100km、深いところで落差100mの断層の谷を作っています。これを「アフリカ大地溝帯（グレート・リフトバレー）」と呼んでいます。大地溝帯が作った火山であるキリマンジャロ山、ケニア山は、現在は目立った活動をしていませんが、ともに標高5000mを超えます。両山を国内に擁するケニアでは、地熱エネルギーの利用が盛んです。

　図1は、東アフリカの地熱発電所の位置を示した地図です。エチオピアに1か所（出力2MW/hの実験プラント）と、ケニアの首都ナイロビの北西に約100kmのオルカリア地方、ウガンダ西部と、大地溝帯上に分布しています。

　中でも最も盛んに発電が行われているのが、ケニアのオルカリア地方です。オルカリア地方で地熱エネルギーの研究が始まったのは、英国植民地時代の1950年代後半で、まず深さ約950mの探索井戸が掘られました。1963年に独立してから政府は国際連合の支援を受けて現地調査を進め、世界銀行の融資を得て1981年にアフリカ最初の地熱発電所（オルカリア第1発電所：出力45MW/h）を開設しました。その後、20年間で約10億ドルの資金が投入されて拡張され、現在、オルカリア第1発電所だけでも31本の井戸があります。発電量は2017年現在、594MW/hに達します。ちなみに、日本で最も大き

01 アフリカの電源 有望視される大地溝帯の地熱発電

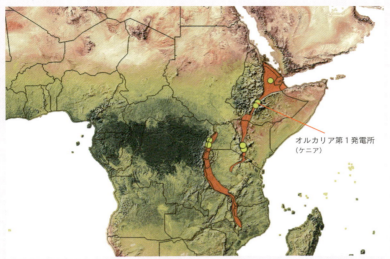

図1 「大地溝帯」(赤塗り)付近に分布する地熱発電所(黄色点)(地熱発電所は建設中および計画段階の施設を含む)〈"Think GEOENERGY"(http://www.thinkgeoenergy.com/map/)などより作成〉

オルカリア第1発電所（ケニア）

写真1 オルカリア第4地熱発電所全景〈Toshiba Clip (http://www.toshiba-clip.com/detail/1954/2)〉

な地熱発電所の出力が112MW/h（大分県・八丁原発電所）で、日本のすべての地熱発電所の出力を合計しても527.4MW/h（2016年）[1]です。

写真1は、日本の電機メーカーのホームページで公開されているオルカリア第4地熱発電所の全景です。第1地熱発電所の4号機・5号機タービンは東芝製、第2地熱発電所のタービンは三菱重工製、第4地熱発電所の1号機・2号機は東芝製と、日本の地熱プラントメーカーが活躍しています。

図2は、ケニアにおける発電状況の推移です。ケニアでは、長らく水力が電源のトップを占め、火力と地熱がそれに続いてきましたが、2008年のリーマンショック後に起きた原油価格の高騰の影響もあり、石油による火力発電は抑制する方向です。2014年にオルカリア地方で第4地熱発電所（出力140MW/h）が運転を開始し、地熱発電は水力を抜いて電源の首位に立ちました。ケニア政府は2008年6月に長期開発戦略である「ビジョン2030」を発表（2015年に電力部門の目標値を修正）しました。2030年までに国内発電総容量を7470MW/h（2015年10月時点で2298MW/h）増やし、そのうち地熱発電を現行の約10倍の5000MW/hに高める計画です[2]。周辺のエチオピア、ルワンダ、タンザニアでも大規模な地熱発電プロジェクトが始まっています。

急ピッチで開発が進む大地溝帯の地熱発電ですが、それが人々の暮らしに幅広く均等に恩恵を与えているわけではありません。図3は、アフリカ諸国の各家庭への電力普及率を地図にしたものです。ケニアでの電力普及率は国全体で20％、都市部は60％ですが、農村部ではわずか7％にすぎず、電力未利用の人口は3200万人もあります。ケニアの電力公社では、向こう5年間で100万世帯の新規通電を目標に、約3400kmの高圧送電線網の敷設を計画していますが、産業振興や外国からの投資環境を整えるため、都市への優先的な配電を予定しています。農村部では、学校や保健施設などの公共施設に電気を通すことを目標としていますが、経済発展に伴って電力が慢性的に不足している南アフリカ共和国や、内陸に鉱山を抱える周辺国への電力輸出も有望視されており、電気をめぐるケニア国内の地域格差は当面解消される見込みはなさそうです。

1) 「日本の地熱発電所一覧」一般社団法人火力原子力発電技術協会
2) 独立行政法人国際協力機構（JICA）：2010「アフリカ地熱開発に係る現状調査報告書」

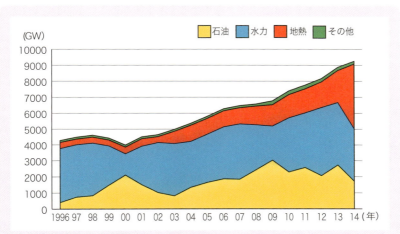

図2 ケニアの電源別年間発電量の推移
〈IEA（国際エネルギー機関）"Country Statistics Kenya 2014"などより作成〉

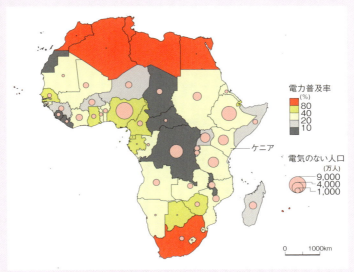

図3 アフリカ諸国の電力普及率と電力にアクセスできない人口（2014年）
〈IEA（国際エネルギー機関）"World Energy Outlook—Energy access などより作成〉

02 アフリカの携帯電話事情
電力よりも普及率が高いのはなぜか？

　アフリカの電力の普及率は低く、地域格差が大きいままですが、対照的にアフリカにおける電話の普及率、特に携帯電話の普及ペースの速さは驚異的です。

　図1は、アフリカにおける携帯電話の普及率を2000年から2015年まで5年ごとに地図化したものです。2000年の時点で最も普及率が高かったのは、島国のセーシェル（32.5％）で、大陸では南アフリカ共和国（18.6％）、ボツワナ（12.7％）と、10％台でした。2005年になると、南アフリカの普及率は70.4％に達し、石油資源や観光収入のある北アフリカや、ギニア湾岸、後述するケニアでも普及が進みました。2010年、ソーシャルネットワークなどによる情報交換で「ジャスミン革命」が起きたチュニジアは、2000年に普及率が1.5％だったのが、2005年には56％に伸びていました。

　2010年以後は、普及率が80％を超える国が続出し、登録台数が総人口を上回る「普及率100％」を超える国も相次ぎます。100％を超えた国を挙げると、2010年時点でリビア（180.4％）、セーシェル（128.9％）、ボツワナ（115.3％）、チュニジア（104.5％）、ガボン（103.4％）、モロッコ（101.0％）が、2015年にはこれらの国に加えてモーリシャス（140.5％）、マリ（139.6％）、ガンビア（137％）、ガーナ（129.7％）、コートジボワール（119.3％）、エジプト（110.9％）、コンゴ（111.6％）など、アフリカ54か国中18か国で普及率100％を達成しています。ただ、普及率が100％を超えたからといってすべての国民が携帯電話を使っているというわけではなく、個人や法人で複数台利用する人がその数を支えていると思われます。

02 アフリカの携帯電話事情 電力よりも普及率が高いのはなぜか？

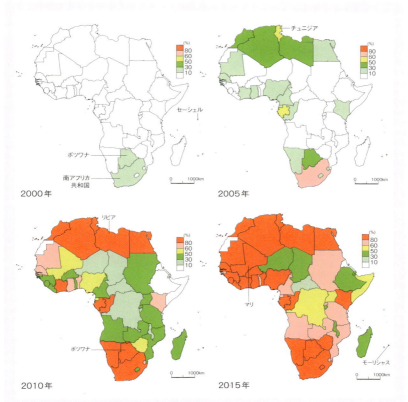

図1　アフリカ諸国における携帯電話の普及率の推移（2005～2015年）

〈ITU（国際通信連合）"COUNTRY ICT DATA"より作成〉

電力の普及率が20％に満たない国々でも、携帯電話の普及率が100％を超えているのはなぜでしょうか。一つは太陽電池や発電機による自家発電を使って電力の来ないところでも基地局が機能していること、そして何より人々にとって携帯電話が生活に欠くことのできないインフラとして浸透していることが挙げられます。

　携帯電話を使った新しいビジネスモデルと、その浸透の深さでよく引き合いに出されるのが、ケニアに拠点を置くイギリスのVodafoneの子会社、「サファリ・コム社」が2007年3月に開始した、モバイル決裁システム「M-Pesa」です。

　アフリカの携帯電話は基本的にプリペイド方式で、入金した金額がSIMカードに登録されています。M-Pesaの原型は、携帯端末間のショートメール（インターネットを介さない端末間のデータ通信）機能を使って、指定した相手の端末に送金を行うサービスでした。ユーザーは、自分の端末から相手の端末へ直接お金を送ることができます。自身が携帯電話を持っていなくても、「キオスク」と呼ばれるサービス拠点に行けば、お金を相手の端末（あるいはキオスク）に送ったり、現金を引き出すこともできます（写真1）。ケニアでは、銀行口座を持っている人が少ない上、地方では銀行の支店すらないところが多くあります。一方で、地方から都市に出て働く出稼ぎ労働者が、故郷の家族に送金する需要もありました。安全かつ着実に送金できる手段として、M-Pesaは爆発的に普及したのです。現在は、端末間の通信による決済や、商店での「キャッシュレス支払」が日常化しています。

　図2は、M-Pesaが使える国とサービスを始めた年を示した地図です。2016年の年末時点で、M-Pesaの導入国は10か国に達しました（アフリカ6か国、アフガニスタン、ルーマニア、アルバニア、インド）。「キオスク」は約28万7400か所（ケニア国内で約7万か所）、取引額はケニアだけで年間5兆3000億円（GDPの4割）にものぼります。M-Pesaは、「1秒間に529回の決済が行われる」（同社）巨大な金融インフラになりました。インドは2013年にM-Pesaに加わりましたが、インド国内の取引に加え、歴史的にも経済的にもつながりの深いインド―東アフリカ間の国際決済にも利用されていくと思われます。

　図3は、ケニアにおける携帯電話通信網の地図、図4はケニアの携帯電話

02 アフリカの携帯電話事情 電力よりも普及率が高いのはなぜか？

写真1　M-Pesa の送金代行施設「キオスク」　　　　　　　　　© Fiona Graham / World Remit

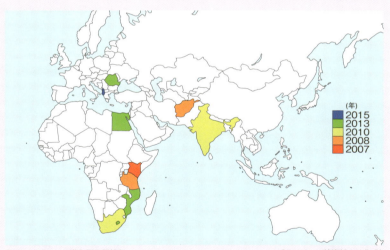

図2　M-Pesa の導入国と開始年　　　　　　　　　〈Vodafone 社資料より作成〉

049

普及率（人口比）の推移です。

　ケニアでの携帯電話普及率は、2000年に0.41％でしたが、2005年に12.9％、2010年に61.0％、2015年には80.7％にまで伸びました。しかし、携帯電話のカバーエリアは、首都ナイロビ近郊と、インド洋への外港である第二の都市モンバサの周辺、および両都市をつなぐ幹線道路沿いに限られています。北部では、孤立した島のようにカバーエリアが点在しています。今後、点から線、さらに面的にカバーエリアを広げていくためには、基地局の増設が欠かせません。ただ、前項で見たように、アフリカの農村部では安定した電力供給が行き届いていないところが多いのが実情です。地方では、太陽光による自家発電で携帯電話の充電も行われていますが、基地局を稼働させるほどの出力や安定性は持ち合わせていないようです。

　カバーエリアの拡大に伴い大きな課題になっているのが、通信容量の増大への対応です。図3で示したカバーエリアのうち、ほとんどは3G（第三世代携帯電話回線：緑色）で、4G（第四世代携帯電話回線：赤色）通信ができる場所は、ごく限られています。3G（WCDMA方式）の通信速度は最大14.4Mbps、4G（LTE方式）は最大150Mbpsと、約10倍の差があります。

　ケニアでは、2010年に中国のメーカーが「100ドルスマホ」の販売を始めて以来、スマートフォンの普及が進みました。2014年前半には、新規出荷台数の67％がスマートフォンになったと報道され、携帯電話利用者の3分の1にあたる310万契約がスマートフォンになったとのことです[1]。急速なスマートフォン化に対して旧来の3G方式の回線では対応しきれなくなることが予想されますが、設備の更新のための費用を得るためには、さらに契約者を増やすか、基本料金の値上げをしなくてはなりません。先進国の人にとっては月収の数パーセントの携帯電話料金も、アフリカ諸国では10～30％に達する国もあり、安易に料金を上げれば利用者の負担が増え、契約者は伸び悩みます。インフラを充実させつつ、ビジネスとして成り立たせるためにはどうすればよいか、携帯電話会社だけでなく、政府や支援国を含めた課題になっていると言えそうです。

1)　黒川 綾子（2015）「ケニアに見るサブサハラ・アフリカ通信市場の将来展開」，FMMC研究員レポート 2015-2, pp.1-6.

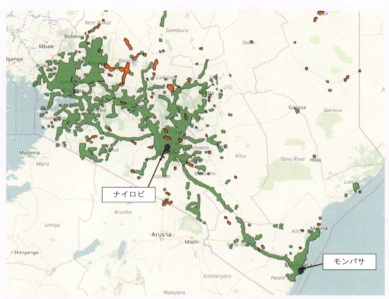

図3 ケニア国内の携帯電話カバーエリア（Safari Com社）（緑：3G、赤：4G回線）
〈"Safari.com Coverage" より〉© OpenStreetMap Contributors

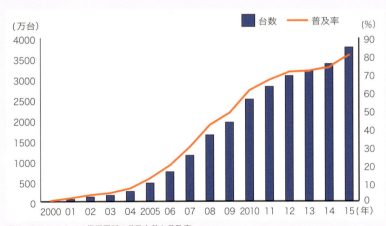

図4 ケニアにおける携帯電話の普及台数と普及率
〈ITU（国際通信連合）"COUNTRY ICT DATA" より作成〉

02 アフリカの携帯電話事情 電力よりも普及率が高いのはなぜか？

03 「飢えるアフリカ」からの脱却
コメが支える農村の未来

　干ばつ、内戦、そして飢餓……アフリカ諸国の発展にとって、食糧問題は避けて通れない課題です。

　図1・2は、アフリカ各国の栄養不足人口の割合（1日に必要な最低限のカロリーを摂取できていない人の割合）を示した地図です。集計が始まった1990〜1992年時点では、サハラ砂漠以南の国で、栄養不足人口が30％を超えています。そのうち、最も高かったのがエチオピアで、国民の74.8％、約3730万人が栄養不足状態にありました。次いでアンゴラ（63.5％）、チャド（59.1％）、モザンビーク（56.1％）、ルワンダ（55.6％）と、内戦下にある、あるいは内戦で荒廃した国が50％を超えています。データが公表されていないコンゴ民主共和国（旧ザイール）は白くなっていますが、栄養不足人口の割合は相当高いと思われます。

　20年後の2010〜2012年になると、西アフリカで栄養不足人口の割合が減っている一方で、東アフリカでは停滞あるいは割合が増えている国が多いことがわかります。例えば、西アフリカのガーナは1990〜1992年時点で栄養不足人口が39.5％だったのが、2010〜2012年では4.0％に、マリは22.5％から6.3％、カメルーンは40％から15％になりました。対して、東アフリカを見ると、タンザニア（30.4％から39.0％）、ザンビア（37.0％から44.4％）、エリトリア（62.5％から74.1％）など、栄養不足人口の割合が逆に高くなってしまっている国が目立ちます。

　栄養不足割合を一気に下げることができた西アフリカの国々と、改善が進まない東アフリカの国々の違いは何でしょうか。自然環境や、内戦などの政

03 「飢えるアフリカ」からの脱却 コメが支える農村の未来

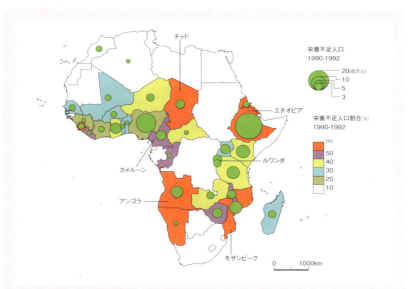

図1　栄養不足状態の割合と実数　[1990〜1992年]

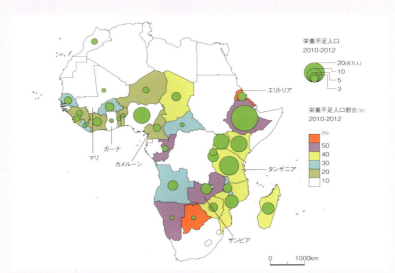

図2　栄養不足状態の割合と実数　[2010〜2012年]

〈FAO（国連食糧農業機関）"FAOSTAT"より作成〉

治的な背景も考えられますが、ここでは主食となる穀物の違いに注目してみました。図3は、FAO（国際食糧農業機関）の統計資料から、主要な主食穀物の1人あたりの年間消費量を表した地図です。穀物別に色分けした円グラフの大きさが、年間消費量を示しています。

　栄養不足人口割合の減少が進む西アフリカ諸国では、穀物消費に占める米の割合が高くなっています。FAOの統計を見てみると、西アフリカの国々では米の消費量自体が近年伸びていることがわかります。例えばマリでは、1980年に1人あたり28.9kgだった米の消費量が2013年には59.0kgまで伸びました。米の消費量が20kg以上伸びた国を挙げてみると、リベリア（0kg→94.8kg）、ベナン（5.3kg→53.4kg）、ガボン（6.3kg→30.7kg）など、西アフリカの国々が挙がります。東アフリカの国々は、自給できる伝統的な主食であるキャッサバやタロイモ、あわ・ひえ類に加えて、輸入や援助物資として調達するトウモロコシを主食にしていますが、自給的作物の消費が下がっています。コンゴ民主共和国（旧ザイール）では1980年に1人あたり339.6kgあったキャッサバの消費量は2013年には75.8kgにまで下がりました。タンザニアではキャッサバの消費量が195kgから73kgに、ザンビアにおいては年間52.0kgあったキャッサバの消費量が、2013年には0になり、スーダンでは年間76.1kgあったあわ・ひえ類の消費量が2013年には4.1kgにまで下がりました。干ばつや内戦で自給的な農業が維持困難になる一方で、輸入品のトウモロコシへの依存度が高まり、栄養不足を解消できていない国々が多いようです。

　米による栄養改善、西アフリカ版「緑の革命」は、1970年代から進められてきました。1971年に、国連の主導で西アフリカの11か国が共同で「西アフリカ稲開発協会（WARDA）」がベナンに仮本部を置く形で設置され、2009年に組織の拡大に伴い名称を変更し、現在は「アフリカ稲センター（Africa Rice）」として、コートジボワールの首都アブジャに本部を置いて品種改良や農法改善、農村部への稲作普及の活動を行っています（現在の加盟国は24か国）。

　WARDAが1997年に開発した新品種「ネリカ」は、アフリカの稲作を大きく変えるきっかけを作りました。「ネリカ」は、アフリカの在来種とアジアの稲を交配させて作られた新品種で、アフリカ稲の強さとアジア稲の収量および味の良さを兼ね備えたアフリカ版「ミラクルライス」です。各国の環境

03 「飢えるアフリカ」からの脱却 コメが支える農村の未来

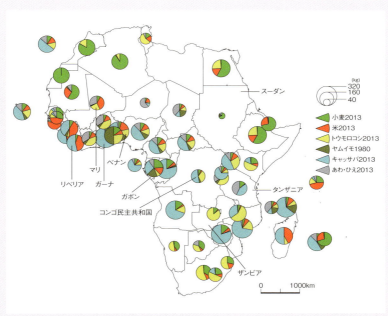

図3　1人あたり穀物消費量と消費穀物（2013年）

〈FAO（国連食糧農業機関）"FAOSTAT"より作成〉

に合わせて陸稲で18品種、水田用で60品種の兄弟種があり、農民が自分たちで選べるようになっています。

　図4はアフリカ諸国における米の生産量と輸入量を示したグラフです。米の生産量は1980年代までは緩やかな上昇を続け、1990年代から徐々に上向き始めていますが、2000年代以後は急激に上昇しています。「ネリカ」をはじめとした高収穫品種の導入と、新たな稲作地の拡大が生産の増加をもたらしているようです。一方で、米の輸入量も1990年代後半から急増しています。

　図5は、アフリカにおける米の生産量と輸入量を国別に示した地図です。西アフリカ諸国では、米の生産が盛んですが、米の輸入も積極的に行っています。米の生産がほとんどない東アフリカでも、大量の米を輸入しています。

　西アフリカで収穫された米が国内の需要を満たし、近隣諸国に輸出され、さらに農法が広まって栄養不足を解消していくのが理想です。しかし現在、取引されている米の多くはタイやインド産です。アフリカ産の米よりも安く、大量に輸入される米は、生産国の米の価格を低く抑え、農民の収入を減らします。また、輸入に依存している国々では、トウモロコシ同様、主食の供給を外国に頼る構造から抜け出せない状況が作られます。ただ、各国は、国内の農業を保護するための政策を行えるだけの財政力を持ち合わせていません。

　アフリカの国々が食糧自給率を高め、国内や近隣国間での貿易を進めることができれば、栄養不足人口は減らせるはずです。ただ、農業インフラの整備や物流網の構築など、克服するべき課題は少なくありません。西アフリカのケースをどのようにして広げていくか、当事者だけでなく国際社会全体で考えていく問題と思われます。

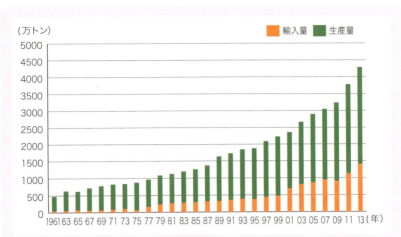

図4 アフリカ諸国における米の生産量と輸入量の推移

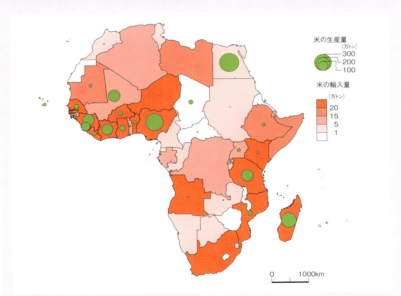

図5 アフリカ諸国における米の生産量および輸入量（2013年）

〈FAO（国連食糧農業機関）"FAOSTAT"より作成〉

04 アフリカの「豊かな」国々
抜け出せない「天然資源の罠」

　オックスフォード大学のポール・コリアー教授は、途上国の経済発展を阻害する要因として、4つの「罠」があると述べています(『最底辺の10億人』)。①紛争の罠、②天然資源の罠、③内陸国の罠、④悪いガバナンス(統治)の4つです。急激な経済発展を遂げ、豊かに見える国にも「罠」は潜んでいます。ギニア湾の小国、赤道ギニア共和国に注目してみました。

　図1・2は、世界銀行の資料による、1990年と2015年のアフリカ諸国の1人あたりの国内総生産(GDP)を表した地図です。1990年には、同国の1人あたりGDPは279ドルしかなかったのが、2015年には1万4440ドルと、25年で50倍近く伸び、アフリカで第2位になりました。図3は、1人あたりGDPの推移を1980年から2年おきにグラフにしたものです。赤道ギニア共和国の1人あたりGDPは21世紀に入ってから急激に伸び、一時期は3万ドル台にまで達しています。日本の1人あたりGDPが3万8000ドル、イタリアが3万ドル、韓国が2万7000ドル(2016年)です。数字だけ見ると、奇跡のような発展を遂げて、先進国並みの豊かさを獲得した国のようにも見えます。

　赤道ギニアは、カメルーンとガボンに挟まれた大陸部(ムビニ地方)と、沖合に浮かぶビオコ島および周辺の島々から成り立っています。面積は、約2万8000km²あります。大陸部の面積は近畿の6県(兵庫・大阪・京都・奈良・三重・和歌山)、島の部分は徳島県ほどの広さです。総人口は約122万人(2016年)で、首都はビオコ島の北部にあるマラボです。1968年にスペインの自治領から独立を遂げ、当初はソ連との関係が深い社会主義国家でしたが、1979

04 アフリカの「豊かな」国々 抜け出せない「天然資源の罠」

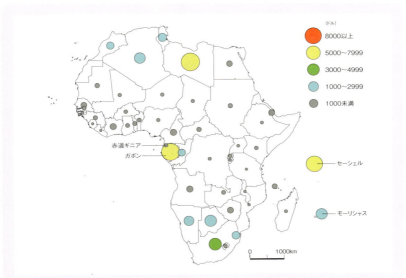

図1　アフリカ諸国の1人あたりGDP　[1990年]

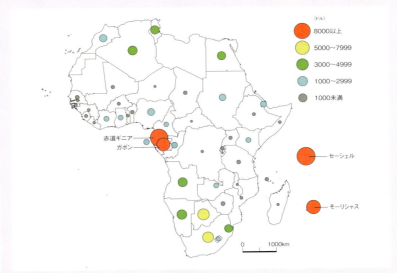

図2　アフリカ諸国の1人あたりGDP　[2015年]

〈世界銀行 "GDP per capita" より作成〉

年に軍事クーデターが起こって軍政に移行。そのときの首謀者だったテオドロ・オビアン・ンゲマ氏が大統領を続けており、アフリカで最も長く続いている独裁政権国家です。

カカオとコーヒーのプランテーションが主な産業だったこの国の経済を大きく変えたのが、1992年のアメリカのエクソン・モービル社によるビオゴ島周辺の油田開発事業でした。1998年からは天然ガスの生産も始まり、2003年のイラク戦争後の資源価格の高騰の影響もあって、年平均40％以上の急激な経済成長を遂げました。

表1は、アフリカ諸国の貧困と貧富の格差に関する統計を集めたものです。
1人あたりGDPの上位5か国のうち、赤道ギニアの貧困者率（1日1.9ドル以下で生活する人の割合）が突出しており、下位5か国よりも高くなっています。また、富の偏在を表すジニ係数（1.0に近いほど貧富の格差が激しい）も、アフリカの中で最も高くなっています。

資源の採掘と資源価格の上昇で急激に経済状態がよくなると、身の丈に合わない大規模な投資や財政支出が行われます。しかし、資源価格が急落するなどして投資に対する効果が見込めなければ、後に残るのは借金のみです。気が大きくなってあれもこれもと買いまくり、かえって財政を悪化させる。そのツケは国民への福祉の放棄か増税……これがコリアー教授の言う「天然資源の罠」です。赤道ギニアの財政収支は、2008年に日本円で2440億円の黒字を出したのをピークに、それ以降は赤字を出し続けています。2009年に86.8億円の赤字、2015年には過去最悪の311億円の赤字を出しました。累積債務残高は、2008年に7.9億円だったものが翌年52億円に上昇し、2017年には334億円になっています。赤道ギニアは典型的な「罠」に陥っていると言えるでしょう。

一般にジニ係数は、0.4を超えると内乱や社会不安が起こりやすくなると言われています。赤道ギニアでは、独裁政権による強権的な政治によって人々の不満を抑え続けていますが、対外的に発信される情報は少なく、謎に包まれた面が多い国です。とはいえ、こうした極端な富の偏在を黙認しているのは、オイルメジャーをはじめ、先進国の企業や政府でもあります。

アフリカの人々にとっての「豊かさ」とは何か、「豊かさ」を測るための指標はどこまで有効なのか、改めて考える必要があるようです。

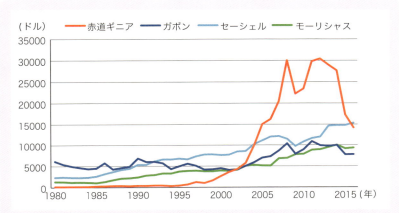

図3　アフリカ諸国の上位国の1人あたりGDPの推移　〈世界銀行 "GDP per capita" より作成〉

順位	国名	1人あたりGDP（ドル）	貧困者率[1]（%）	ジニ係数[2]
1	セーシェル	15,930	39.3	0.468
2	赤道ギニア	15,390	76.8	0.650
3	モーリシャス	9,252	—	0.359
4	ガボン	8,266	32.7	0.422
5	ボツワナ	6,360	19.3	0.605
45	マダガスカル	402	75.3	0.410
46	マラウイ	372	43.6	0.461
47	ニジェール	359	48.9	0.340
48	中央アフリカ	323	62.0	0.436
49	ブルンジ	277	64.6	0.424

表1　アフリカ諸国の1人あたりGDP上位国・下位国における貧困の状況
1) 日収1.9ドル以下の人の割合〈世界銀行 "World Development Indicators"〉
2) 赤道ギニアのみ GPI〈CIA "World Fact Book"〉

04　アフリカの「豊かな」国々　抜け出せない「天然資源の罠」

第2章 アフリカを地図化する

05
チャイナパワー in アフリカ
数は力なり

　アフリカの経済を考える上で無視できないのが、中国による国際支援と、中国企業による旺盛なビジネス展開です。それらを専門的にウオッチしている欧米の研究機関が公開しているデータを使って、アフリカにおける中国の振る舞いとその地域性を地図化してみました。

　図1は、中国の銀行からアフリカ各国の政府機関や企業に貸し出された融資残高を地図化したものです。元データは、アメリカ、ジョンズ・ホプキンス大学の「高等国際研究大学院 中国アフリカ研究所」(SAIS-CARI) がまとめたものです。この研究機関は2014年に創設され、中国政府の公式統計はもとより、世界銀行などの国際機関、比較対象としてのアメリカのアフリカ政策に関係する分析報告を行い、Webサイトからは統計資料をダウンロードできるようになっています。

　中国からアフリカへの融資先として最も高いウエイトを占めているのがアンゴラです。2000年から2015年まで総額192億2426ドルの融資が行われてきました。日本円にすると約2兆円で、全体の20％を占めています。アンゴラと中国の密接な関係は、アンゴラの内戦が終結した2000年代前半にまでさかのぼります。1975年にポルトガルの植民地から独立したものの、石油やダイヤモンドなどの天然資源の採掘権を背景に内戦状態にありましたが、2002年に内戦は政府軍の勝利で終結しました。しかし、国営石油会社で汚職が蔓延し、大規模な不正会計も発覚したため、アンゴラ政府は地雷除去やインフラ整備などにかける復興資金を、IMFなどの国際機関から調達できませんでした。仕方なく石油を担保に民間の金融機関から融資を受けて復

05 チャイナパワー in アフリカ 数は力なり

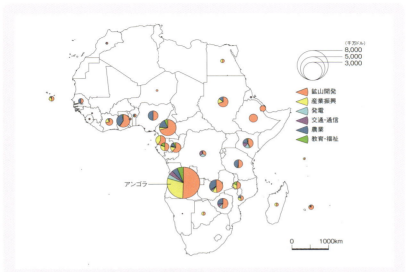

図1 中国からアフリカ諸国への銀行融資残高と融資目的（2000～2015年の合計値）
〈China-Africa Research initiative "CHINESE LOANS TO AFRICA" より作成〉

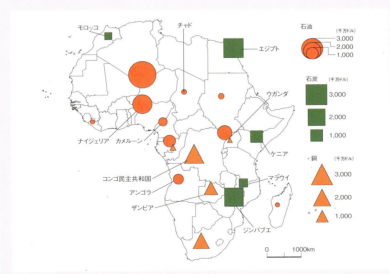

図2 中国企業の地下資源採掘への投資額（2006年以後の合計値）
〈"China Global Investment Tracker" より作成〉

興資金をねん出したものの、高い利子の支払いに悩まされていたところを有利な条件で「借り換え」を促したのが中国政府でした。2004年、中国政府は民間金融機関への担保として差し押さえられていたアンゴラの油田の採掘権を買い戻すための融資を行い、同時に中国の国営石油会社との合弁で「ソナンゴル・シノペック・インターナショナル」社を設立しました。同社は沿岸から約270km、平均水深1200mの深海底の油田や天然ガス田の開発を進め、近隣国の油田の採掘権の獲得や、スイスの石油会社の買収など、「新・オイルメジャー」としての地歩を固めていきました。2006年には、アンゴラはサウジアラビアを抜いて中国の石油輸入先のトップとなり、2007年にOPECに加盟しました。現在、アンゴラの輸出先の43.2％が中国向けで、輸出額は1427.5万ドルです（2015年）。2位はスペインで8.9％、3位はインドで8.1％と、中国向けの輸出が際立っています。

　図2は、中国企業が行っている地下資源採掘に関わる直接投資の額を国ごと、資源ごとに地図化したものです。石油はアンゴラ、ナイジェリアなどの大産油国に投資がある上に、チャドやウガンダ、コンゴ、カメルーンなど内陸国の開発が多くなっています。また、エジプト、ケニア、ジンバブエ、マラウイ、モロッコでは石炭に、ザンビアやコンゴ民主共和国では銅の採掘に多額の資金が投入されています。ギニア湾の深海底の油田やガス田の開発には巨額の資本が必要で、欧米のオイルメジャーとの利害調整も複雑なため、アンゴラやナイジェリアでは政府が後ろ盾となった合弁企業が中心的な役割を果たしています。しかし、内陸国の地下資源開発は、中小規模の中国企業が参入して開発が行われていると考えられます。

　アフリカにおける中国の積極的な関わりは、人や物の移動も活発化させています。図3・4は、中国からアフリカへの輸出額を2000年と2015年について図にしたものです。2000年時点では、中国から年間5億ドル以上輸入していた国はエジプトしかありませんでしたが、2015年はアルジェリア、エジプト、ナイジェリア、ケニア、南アフリカの6か国にまで増えています。また、1億ドル以上の輸入をしている国も、2000年には7か国しかありませんでしたが、2015年には19か国にまで増えました。急増の背景には、中国政府や企業が資源開発や農業開発を進めていくために、鉱山採掘のための機械や灌漑土木工事を行うための建設機械（中国製）を輸出し、購入代金は信用

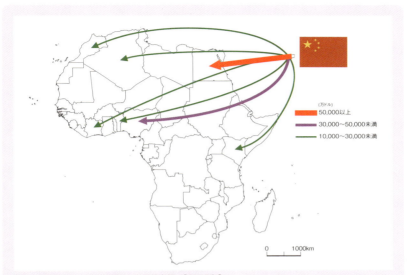

図3　中国からアフリカ諸国への年間輸出額　[2000年]

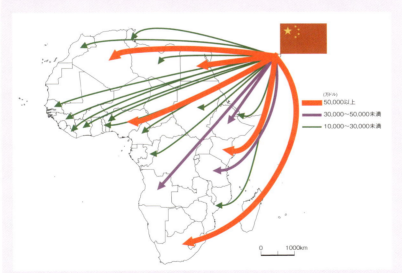

図4　中国からアフリカ諸国への年間輸出額　[2015年]

〈China-Africa Research initiative "CHINA-AFRICA TRADE" より作成〉

払い(支払期限が長い、あるいは無期限の「つけ」)にしていることが背景にあります。つまり、中国にとってアフリカへの「輸出」は、資源調達のための先行投資の意味合いが強いのです。もちろん、いくつかの国では国民の生活水準を上げて中国製品の新たな潜在顧客として囲い込もうという思惑もあります。携帯電話が爆発的に普及した国々に向けて、格安の太陽光発電ユニットやスマートフォンを売り込もうという発想は、まさにそうした中国企業の戦略の一環と言えます。

　図5・6は、アフリカに居住する中国人の人口について、2009年と2015年を地図化したものです。中国がアンゴラで油田権益を得たのが1995年で、中国は同国に約20万人の建設労働者を送り込みました。中国は地下資源探索にせよ、道路や電力インフラの構築にせよ、大量の中国人労働者を送り込んで建設を進め、完成すれば引き上げてしまうため、現地にノウハウがまったく残らないと非難されることがよくあります。ただ、別の見方をすれば、言葉も生活習慣も教育の程度も異なる現地の人々を大量に労働者として採用し、決められた期日までに稼働させなければならないことを思うと、「人海戦術」とも言うべき開発も、ある程度やむを得ないところがあるのではないかと思います。

　2015年には、アンゴラに住む中国人は4万4106人と、最盛期の5分の1にまで減りましたが、現在もアフリカの国では2位です。1位はアルジェリア(約9万1000人)で、3位はエチオピア(9973人)です。2015年は、エチオピア以南の東アフリカ諸国で中国人の居住者が増えています。この地域はもともとインドとの関係が深く、インド人の居住者も多くいます。

　北京との間で直行便を持っているアフリカの都市は次の9都市[カイロ・ヨハネスブルグ・モーリシャス・ダルエスサラーム・チュニス・ルアンダ(アンゴラの首都)・アディスアベバ・アルジェ・ヴィクトリア(セーシェルの首都)]です。ちなみに、日本からアフリカに直行便がある都市は1都市(エチオピア航空のアディスアベバ便)のみで、現地に居住している日本人は、アフリカ全体で7931人(2015年10月1日現在、外務省集計)です。カネ、モノ、人……「数は力」と言わんばかりの中国の快進撃は当分続きそうです。

05 チャイナパワーinアフリカ 数は力なり

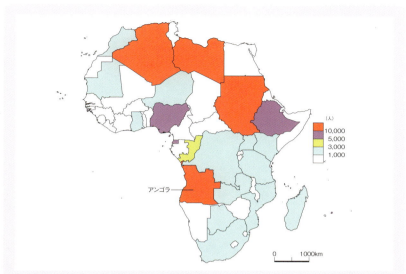

図5　アフリカ諸国における中国人の人口　[2009年]

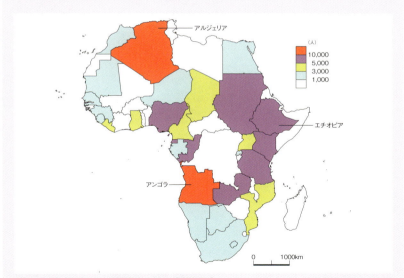

図6　アフリカ諸国における中国人の人口　[2015年]

〈China-Africa Research initiative "CHINESE WORKERS IN AFRICA" より作成〉

第2章 アフリカを地図化する

06
「内陸国の罠」を克服せよ
発展のアキレス腱・物流問題

　経済発展が期待されているアフリカ諸国ですが、発展のスピードに環境の改善が追いつかず、経済活動の足かせになってしまっているのが物流インフラです。特に海岸から遠い内陸国においては、政府が巨額の投資をして工業化を進めようとしても、原料調達や製品の出荷に莫大な輸送コストと時間を要します。そのため、価格競争に勝てず、納期も守れず、結果としてビジネスに失敗して巨額の債務を負う「内陸国の罠」に陥ってきました。

　図1・2は、世界銀行がまとめた、アフリカ諸国の輸出入にかかる費用と時間の統計（2014年）を地図化したものです。20フィートサイズコンテナ（長さ約6m×幅約2m×高さ約2.5m。積載量はコンテナの自重を入れて20320kg）を国外に輸出するのにかかるコストは、沿岸国と内陸国で大きな格差があることがわかります。

　輸出の物流コストが高い国を上から挙げると、1位チャド（6615ドル／73日）、2位中央アフリカ（5490ドル／57日）、3位ザンビア（5165ドル／53日）、4位ニジェール（4475ドル／59日）、5位ジンバブエ（4265ドル／52日）と内陸国が並びます。輸入にかかるコストと日数を見ると、1位チャド（9025ドル／90日）、2位コンゴ共和国（7590ドル／54日）、3位ザンビア（7060ドル／53日）、4位中央アフリカ共和国（6335ドル／68日）、5位ジンバブエ（6150ドル／71日）でした。

　物流コストが安い国は、北アフリカの地中海沿岸諸国、ギニア湾岸の国々、島嶼部の国々に集中しています。それでも輸送料はコンテナ1フィートあたり1000〜2000ドル台、所要日数は20〜30日です。内陸国は、その2倍以

06 「内陸国の罠」を克服せよ 発展のアキレス腱・物流問題

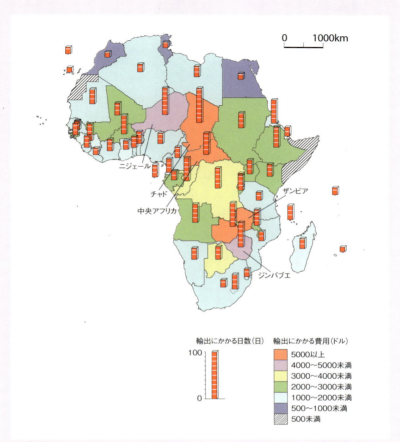

図1 輸出にかかる費用と日数［2014年］（20フィートコンテナ1個あたり、首都から輸出港湾までの輸送）

〈世界銀行 "World Development Indicators" より作成〉

上の時間とコストをかけないと貿易ができないのです。ちなみに日本国内での輸送コスト（2014年）は、コンテナ1フィートあたり、輸出で829ドル（11日）、輸入は1021ドル（11日）です。

なぜアフリカの内陸国では輸送コストが極端にかかってしまうのでしょうか。その理由の一つに、貿易港のある沿岸国との間をつなぐ交通インフラや、通関手続きやトラック輸送を行う人的インフラが十分に整っていないことが挙げられます。図3は、アフリカ大陸の鉄道と主な道路路線を示したものです。鉄道が網の目のようになっている南アフリカ共和国付近を除いて、他の国々では、鉄道は内陸部と沿岸部を直線的に結んだ短い路線がわずかにあるのみです。植民地時代に、宗主国が内陸の鉱産資源やプランテーション作物を積出港に運ぶことを目的に敷かれた鉄道は、特定の産品を大量に輸送する（輸出する）ことには長けていますが、輸入品を内陸部に運んだり、都市間を結んで人や貨物の往来を活発化させることには向いていません。また、終点からさらに内陸の国に延伸させ、路線同士をつなごうにも、政府にはそれを賄うだけの財政力がなく、費用対効果も望めないため、植民地時代から大きく変化することなく今日に至ります。

一方、道路網は鉄道に比べて充実しているように見えますが、内陸国に行くほど幹線道路の密度は低くなっています。幹線道路でも幅が狭く、未舗装の区間が多く、大雨で道がぬかるんで通行不能になったり、国境の通関で何日も待たされるなど、到達時間を正確に読めません。

内陸への物流の悪さを示す例として、ウガンダ共和国へのアクセスを取り上げてみます。図4は、ウガンダ共和国の首都カンパラと、貿易港にあたるタンザニアのダルエスサラーム付近を拡大した地図です。右下の赤い点がタンザニアの首都ダルエスサラームで、地図中央にある大きな湖のビクトリア湖の北側にある赤い点が、ウガンダの首都カンパラです。

カンパラの人口は165万人、ダルエスサラームの人口は436万人です。両都市の直線距離は約803kmです。東京から山口県下関市ほどの距離なので、日本国内ならば高速道路や貨物列車で10時間もあれば行ける距離ですが、アフリカではそうはいきません。日本のJICA（国際協力機構）の資料によると、ダルエスサラームからカンパラまでの移動時間は、鉄道で8日、トラックなら7日かかり、通関手続きや列車の運行の待ち時間等を入れた実際の

06 「内陸国の罠」を克服せよ 発展のアキレス腱・物流問題

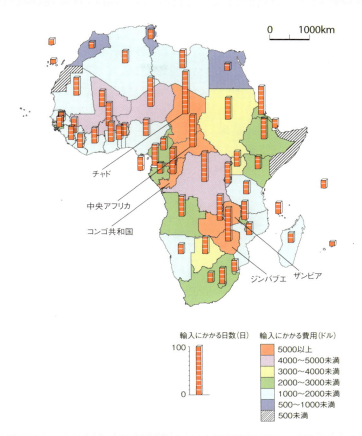

図2　輸入にかかる費用と日数［2014年］（20フィートコンテナ1個あたり、港湾から首都までの輸送）

〈世界銀行 "World Development Indicators" より〉

時間は、鉄道で37日、トラックで30日かかります[1]。

　両都市を結ぶ交通は、これまで鉄道が主流でした。タンザニアで鉄道と言えば、隣国のザンビアで産出する銅を運び出す「タンザン鉄道」が有名ですが、ウガンダへの貨物は、そのタンザン鉄道の支線でビクトリア湖の南岸の町ムワンザまで運ばれます。ここで鉄道連絡船を使って対岸のエンテベ（ウガンダ）に渡り、エンテベから首都カンパラまで短い鉄道があります。ダルエスサラーム〜カンパラ間の運賃は、コンテナ1個あたり鉄道で4806ドル、トラックで8321ドルと、鉄道のほうが格段に安いのですが、両都市を結ぶ定期便は10日に1便しか走っていません。実質的に列車が動いている時間は3日程度なのですが、貨物の積み下ろしに3日、連絡船への搭載に3日ずつかかるため、港の駅は積み込みを待つ貨物であふれかえっています。

　両都市を直接つなぐ鉄道の建設は難しく、現在、日本やEUなどの国が分担してタンザニア、ウガンダ両国の幹線道路の拡張や舗装に取り組んでいます。

　内陸国のハンデを克服するためには、道路や鉄道の整備はもちろんですが、迅速かつ公平に通関業務ができる政府職員の育成、トラックドライバーや鉄道技術者の増員など、ソフト面での改善も欠かせません。その費用をどの国が負担するのか、投資に見合うだけの効果は期待できるのか手探りの部分が大きく、物流環境の改善にはまだまだ時間がかかりそうです。

1) 　独立行政法人国際協力機構（JICA）（2010）「クロスボーダー交通インフラ対応可能性研究フェーズ3」
（https://www.jica.go.jp/activities/issues/transport/pdf/cbit_FR_01.pdf）

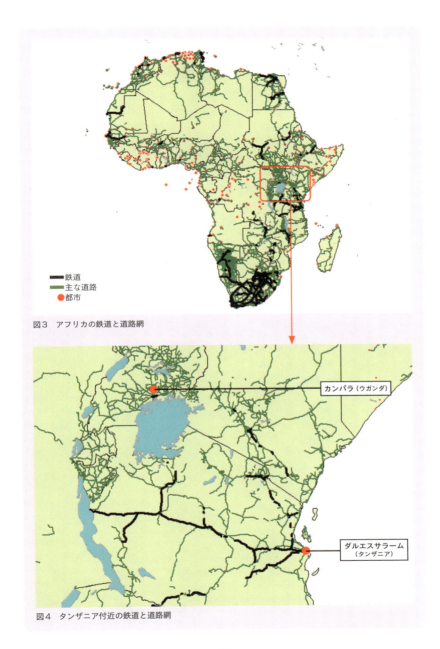

図3 アフリカの鉄道と道路網

図4 タンザニア付近の鉄道と道路網

column 2
中古車はアフリカを目指す

　最近、ラジオで中古車の買い取りチェーンのCMをよく耳にします。愛車を手放すのは寂しいものですが、その車はもしかしたらアフリカで第二の人生を歩んでいるかもしれません。

　図1・2は、アフリカ諸国への日本の中古車の輸出台数を示した地図です。2007年時点の輸入台数は約8万台で、当時1位のロシア（26万8685台）と大きな差がありましたが、2018年にはアフリカ向け輸出は33万5816台に増え、逆にロシアは9万5704台と大きく減りました。国別に見ると、南アフリカ共和国（8万9552台）がトップで、以下、ケニア（7万7268台）、タンザニア（5万8598台）、ウガンダ（2万8775台）など旧イギリス領の国々（車が左側通行で、右ハンドルの車をそのまま利用可能）が占めています。

　アフリカ諸国への中古車の輸出に深く関わっているのがアラブ首長国連邦とパキスタンです。日本からアラブ首長国連邦の輸入台数は12万6706台（2018年）ですが、その大半がドバイ郊外の砂漠にある「DUCAMZ」（ドバイ・カーズ・アンド・オートモーティブ・ゾーン）という中古車専用の自由貿易区を経由して、アフリカに再輸出されています。ビジネスの担い手はパキスタン人が中心で、日本や母国と各地を結ぶ同胞のネットワークにより活発に取引されています。

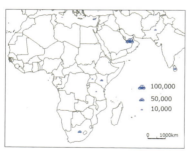
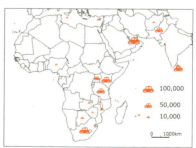
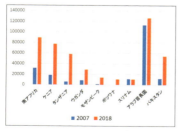

［上］図1・2　アフリカ諸国への中古車の輸出台数
（左：2007年／右：2018年）
［下］図3　主な輸出先と輸出台数

Planet Cars「中古車輸出貿易統計（http://planetcars.jp/index.php/ja/export-ranking）」（元データは財務省貿易統計）より作成

第3章
ヨーロッパを地図化する

01 鉄は国家なり
EUのルーツ、ECSCを作った国々

　ヨーロッパ連合（EU）は、現在28か国の加盟国で構成されています。そのルーツは1951年に結成された「ヨーロッパ石炭鉄鋼共同体」（ECSC）にさかのぼります。

　図1は、西ヨーロッパ地域の製鉄所、炭田、鉄鉱石鉱山（鉄山）の分布です。鉄鋼業が盛んな地域は、ドイツ西部、ライン川に沿ったルール工業地帯を北端に、ベルギー、ルクセンブルグ、フランス東端のアルザス・ロレーヌ地方、北イタリアにかけての比較的狭い地域に集中していることがわかります。ECSCは、まさにこの地域を1つの「工業地帯」として束ねる試みでした。

　図2は、図1の主要部を拡大し、ECSCの初期加盟国6か国（ドイツは西ドイツ）の範囲と、船舶が航行できる主な河川を重ねたものです。ドイツの西部、オランダとの国境の近くに炭田が、フランスとルクセンブルグの国境付近と、ドイツとフランスの国境付近に製鉄所がありますが、かつてこれらの国々が互いに対立し、2度の世界大戦を起こしたことを踏まえると、最前線でせめぎ合う人々の緊張感や指導者の危機感を想像することができます。

　ルール地方やアルザス・ロレーヌ地方の製鉄地帯を各国が共同管理する案は、第一次世界大戦が終わった1914年の「ベルサイユ条約」にまでさかのぼります。ドイツ政府（ワイマール共和国）は、多額の賠償金を支払う余力がなく、ルール炭田の石炭を無償でフランスやベルギーに送ることになりました。ある意味で国境を越えた鉄鋼資源の流通が促進されたわけですが、あまりにも一方的で、ドイツにとって屈辱的な「現物賠償」でした。1923年になると、フランスとベルギーが炭田を軍事占領して、生産を直接指揮して増産を

01 鉄は国家なり EUのルーツ、ECSCを作った国々

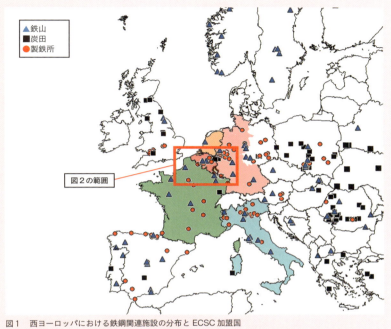

図1　西ヨーロッパにおける鉄鋼関連施設の分布とECSC加盟国

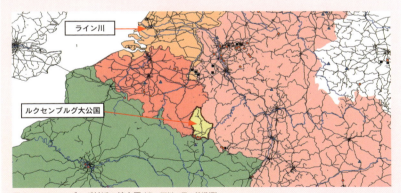

図2　ルクセンブルグ付近の拡大図（青：河川、黒：鉄道網）

図る「ルール占領」が行われました。

　占領軍に対して、ドイツ人の経営者と労働者らは消極的な抵抗（サボタージュ）をした結果、14万5000人ものドイツ人労働者が解雇され、ベルギーとスイスから大量の労働者が動員され、ルール地方は大混乱に陥ります。税収が激減しながらも財政支出を余儀なくされたドイツ政府は紙幣を大量に発行したため、通貨価値は大暴落し、各地で反政府、反ベルサイユ体制を訴えるデモやクーデター未遂事件が発生します。34歳のヒトラーはミュンヘンでクーデター未遂を起こして投獄されましたが、9年後の1932年末の総選挙でナチスを率いて第一党となり、翌1933年1月に首相に就任します。3月には「全権委任法」を成立させ、大統領と首相を兼務する「総統」になり、ドイツとフランスの対立は最悪の方向に進んでいきました。

　第二次世界大戦後、アメリカ政府を中心に策定されたヨーロッパの復興計画（マーシャルプラン）で、西ヨーロッパでの石炭と鉄の国際共同管理が提案されました。ルール占領の苦い経験を持つ西ドイツ政府は強く難色を示しますが、ルクセンブルグ生まれのフランスの外相（のちに首相）ロベール・シューマン（写真1）の粘り強い説得によって合意が図られ、1951年、ヨーロッパ石炭鉄鋼共同体（ECSC）が発足しました。シューマンはルクセンブルグに生まれ、フランスの高校を卒業後、ドイツの大学を経て弁護士になり、ロレーヌ地方（ドイツ領とフランス領に帰属が行き来して現在はフランス領）の地方議会の議員からフランスの国会議員となり、ド・ゴール大統領からフランスの外交を任されました。このシューマンの経歴は、ライン川流域の人々の柔軟さ、たくましさを象徴していると言えます。

　ヨーロッパの鉄鋼産業の再編に寄与するこの人物を輩出したルクセンブルグは、現在も世界の鉄鋼産業をリードする国でもあります。図3は、世界の主な鉄鋼メーカーの生産高を示したグラフです。世界第1位の「アルセロール・ミタル」社は、ルクセンブルグに本社があります。同社のルーツは1911年創業のアーベット社（ルクセンブルグ）で、フランスのユジノール社、オランダのミタルスチール社との合併、買収を経て2006年に誕生しました。世界60か国に拠点を持つ超巨大製鉄会社です。

　狭い地域に資源が集まり、小国が大国と渡り合ってきたライン川下流域は、昔も今もヨーロッパの要として、存在感を確かなものにしているようです。

01 鉄は国家なり EUのルーツ、ECSCを作った国々

写真1　ロベール・シューマン　©ドイツ連邦公文書館

図3　世界の10大製鉄会社の鉄鋼生産高（2017年）　〈"World Steel in figures 2018"より作成〉

第3章 ヨーロッパを地図化する

02
川がつなぐヨーロッパ
ライン川・ドナウ川の河港

　平坦な地形が続き、西岸海洋性気候で一年中雨の多いヨーロッパの中央部では、古くから川や運河を使った水上交通が盛んでした。その機能が強化され、発展したのは18世紀末の産業革命期から第二次世界大戦前後になります。輸送手段の多様化やコンテナ船の普及により、船舶や航路は徐々に淘汰されつつありますが、そうした中でも規模を拡大して効率化を図る河港や、観光遊覧、産業遺産めぐり、小型船による内水面クルーズの提案など、「河港をつなぐ観光」を指向する動きも高まっているようです。今も現役の内陸水運のルートと河港を、ライン川、ドナウ川を中心に眺めてみましょう。

　図1は、EUの統計事務所（Eurostat：本部ルクセンブルグ）が公開している、加盟国の港湾施設を地図化したものです。赤い点が工業地帯を併設する工業拠点港、黄色の点が国内物流を中心に利用される地方港を示しています。赤い四角で囲まれた部分、ライン川の河口付近に多くの港が集中しており、その多くが河港です。

　図2は、ライン川流域の拡大図です。ライン川は、スイスのアルプス山麓に源を発し、ボーデン湖を経由してドイツ、フランスを通って、オランダから北海にそそぐ全長1233kmの河川です。3000トン級の貨物船は、スイスのバーゼル港まで航行が可能で、各国の領土内でも水路上は公海と同じ航行の自由が保障される国際河川になっています。かつては流域の封建領主たちが要所要所に関所を置き、そのつど通航料を取って重要な収入にしていました。そのため、ライン川沿いには中世以来の古城が多く残り、風光明媚な観光名所も多くあります。

02 川がつなぐヨーロッパ ライン川・ドナウ川の河港

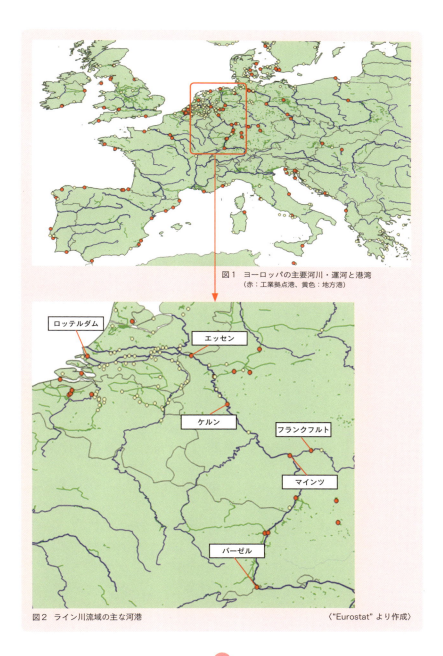

図1 ヨーロッパの主要河川・運河と港湾
（赤：工業拠点港、黄色：地方港）

図2 ライン川流域の主な河港

〈"Eurostat"より作成〉

ヨーロッパの二大河川であるライン川とドナウ川を運河でつなぐ構想は、8世紀からあったと言われています。実際に建設が始まったのは1921年で、途中、戦争による中断もありましたが、1960年代から本格的な開削工事が行われ、1992年に開通しました。総延長は171km、最大標高差は175.1mあり、両河川の分水嶺を昇り降りするために16か所の閘門（水位調節のための水門）が設置されています。

　図3は、ヨーロッパの主な河川と、国別の内水面交通の輸送量を示した地図です。最も取扱量が多いのがオランダ（9295万トン）で、2位のドイツ（5708万トン）、3位のベルギー（4983万トン）を大きく引き離しています。ライン川が流れる3か国だけでヨーロッパの内水面交通の貨物取扱量の83.7％を占め、ヨーロッパの内水面交通におけるライン川のウエイトがいかに高いかがわかります。

　図4は、ライン川の水運を管理する国々における、船舶の目的地と取扱い貨物の量をグラフにしたものです。最も多いのは、オランダ国内の航路（オランダの港からオランダの港へ）で、27万4000トンありました。続いてオランダからドイツへの航路で12万8000トン、3位がオランダからベルギーの航路で9万7000トン、4位がドイツ国内航路で6万6000トン、5位がベルギー内航路で5万9000トンでした。ライン川の河口、オランダのロッテルダムには、国際貿易港「ユーロポート」があり、ライン川を行く船舶が運ぶ積み荷の多くは、ここで荷卸しされるコンテナや、隣接する石油化学コンビナートで加工された石油製品や化学製品です。沿岸の石油化学コンビナートから燃料や薬品の調達や、製品を輸出するのに、タンクローリー車や鉄道では小口すぎます。一方、パイプラインで輸送するほどの大口でもないという輸送需要を満たすのに、ライン川を行く貨物船はちょうどよいサイズなのかもしれません。

　港によっては、海の港並みに大きな埠頭を備えて近代化を図っているところもあります。写真1はドイツ南部のニュルンベルグ郊外にある「ニュルンベルグ・バイエルン港」です。ライン川の支流のマイン川とドナウ川をつなぐ「マイン・ドナウ運河」に面する低地を掘り込んで1987年に完成しました。全長5500mの埠頭を持ち、年間255万トンの荷役を行っています。鉄道の貨物駅とアウトバーンのインターチェンジ、河港の埠頭の3つを組み合

02 川がつなぐヨーロッパ ライン川・ドナウ川の河港

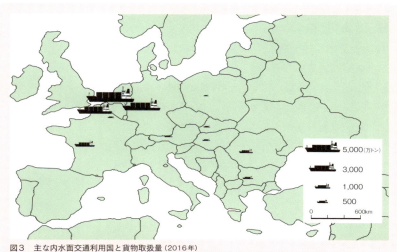

図3 主な内水面交通利用国と貨物取扱量（2016年）

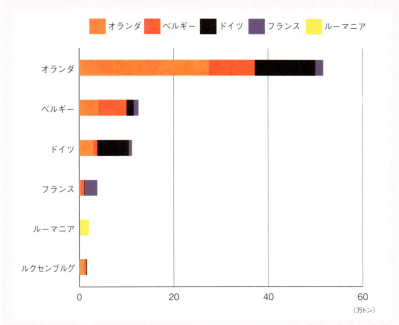

図4 主な内水面交通国の到着国別貨物輸送量（2016年） 〈"Eurostat"より作成〉

083

わせたGVZ（総合貨物センター）と呼ばれる施設の先駆けと言えます。長距離トラック輸送に偏っていた物流システムを見直し、GVZ間の拠点輸送を鉄道や内陸水運が担い、GVZから先をトラック輸送が担当することで、温室効果ガスの削減や交通渋滞、ドライバー不足に対応することを目指しています。現在、ドイツ国内には36か所のGVZが設置されています。

　図5は、EU加盟国の貨物輸送において、内水面交通が占める割合を見た地図です。貨物輸送に占める内水面交通の割合は、EU全体では6.2%にすぎませんが（道路76.4%、鉄道17.4%）、オランダでは内水面交通の割合が44.6%、ブルガリアでは27.2%、ルーマニアは29.4%、ベルギーは15.3%と、内水面交通が健闘している国が見られます。ルーマニア、ブルガリアの首都はともにドナウ川の河港です。

　東欧の多くの国々がEUに加盟して以来、西欧の製造業が現地に工場を設立する動きが目立っていますが、高速道路や鉄道の整備が遅れている地域では、内水面交通を組み合わせた輸送システムが見直されているのかもしれません。ドナウ川とライン川を結ぶ運河沿いに造られた巨大な貨物センターは「東西につながるヨーロッパ」、「環境に優しい物流」を指向するEUの象徴と言えるでしょう。

02 川がつなぐヨーロッパ ライン川・ドナウ川の河港

写真1 ニュルンベルグ・バイエルン港全景 © Mmekel

図5 EU加盟国の国内貨物輸送の輸送手段の割合（2016年） 〈"Eurostat"より作成〉

03 イギリスのワイナリー
変わるブドウの北限と主産地

　地図帳や地理の教科書でヨーロッパの項目を開くと、「作物の栽培北限」の解説図を見ることができます（図1）。これは、気温や降水量、日照量などの影響で、ある作物がこれ以上北（あるいは一定の標高よりも高い地点）で栽培できなくなる限界を示しています。地図ではブドウとオリーブの栽培北限が描かれています。夏に極度に乾燥する「地中海性気候」に耐え、商品価値の高い作物として取り上げられることが多い作物ですが、実際の栽培限界は地図の通りにはなっていません。なぜならこれまで「ブドウ不毛の地」とされてきたイギリスやスウェーデンで、大規模なブドウ栽培が進み、新たなワインの産地として台頭しつつあるからです。イギリスのワイン産地を例に、関連する地図や統計を調べてみました。

　図2は、FAO（国連食糧農業機関）の統計から、西ヨーロッパにおけるブドウの栽培面積とその増減を示した地図です。最も栽培面積が大きいのはスペイン（92万ha、2016年）ですが、1995年には116万haありました。面積で約24万ha、20％の減少です。他に大きく栽培面積を減らしている国を挙げますと、イタリア（23万ha、25％減）、フランス（13万ha、14％減）、ウクライナ（9.5万ha、69％減）、セルビア（6.5万ha、75.5％減）、ポルトガル（6.7万ha、27.7％減）などがあります。逆に栽培面積が増えた国を見てみますと、ギリシア（2.2万ha、24％増）、アルバニア（5600ha、130％増）、チェコ（5100ha、48％増）、ボスニア・ヘルツェゴビナ（4300ha）など東欧諸国が挙がります。

　イギリスのブドウの栽培面積は1995年に500haだったものが、2016年には1839haにまで増えました。約20年間で3.6倍の拡大です。周辺のブ

03 イギリスのワイナリー 変わるブドウの北限と主産地

図1　西ヨーロッパの農地利用とブドウ・オリーブの栽培北限

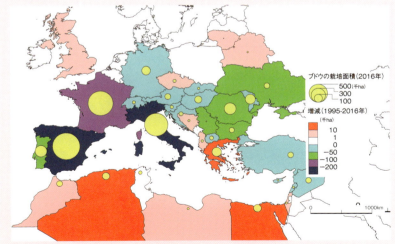

図2　西ヨーロッパ諸国におけるぶどうの栽培面積と増減
〈FAO（国連食糧農業機関）"FAOSTAT"などにより作成〉

ドウの大産地が軒並み栽培面積を減らしている中で、イギリスのブドウ産地は急成長を遂げていると言えます。対岸のオランダも1995年に33haしかなかったブドウ栽培面積が2016年には818haになっています。

図3は、イギリス食品規格機関（FSA）の統計から、イギリスのブドウの州別栽培面積を表した地図です。ブドウの栽培は、グレートブリテン島の南部に集中していることがわかります。最も栽培が盛んなのはロンドンの東隣のケント州で343.9ha、次いで西隣のウエストサセックス州（296.1ha）、ロンドンの北のイーストサセックス州（230.9ha）、ロンドンの南隣のサリー州（132.3ha）と、ロンドン近郊に集中しています。西端のデボン州（73.1ha）、コーンウォール州（29.8ha）でもブドウの栽培が盛んです。

図4は、イギリス食品規格機関（FSA）がまとめたイギリス国内のブドウの作付け面積とワインの生産量を示したグラフです。折れ線がワインの生産量、棒グラフがブドウの栽培面積を示しています。ここで明らかなように、イギリスのブドウ栽培面積は右肩上がりです。しかし、ワインの生産量は一定して増えてはいません。やはり地中海側と違って日照量や雨量に左右されてブドウの収穫が安定しないことが要因としてあるのかもしれません。それでも、日本の主なブドウおよびワインの産地を考えてみると、概して涼しく、雨が多いところが多いので、甲州ワインや北海道の池田、小樽のワインが定着したように、イギリスのワインもさらに生産量を伸ばしていくと思われます。ちなみに、日本のワイン用ブドウの栽培面積を見ると1位が山梨県で664ha、2位が北海道で507ha、3位が長野県で444haでした。ロンドン周辺の6州だけで、長野県と山梨県を足した面積を超えます。

そう遠くない将来、ブドウの栽培限界線（北限）は大きく描き変えられると思われます。一方で、異常な暑さや水不足に悩まされている主産地ではブドウ畑の放棄が進み、地図上に「ブドウの南限」ラインが登場することになるかもしれません。

図3　南イングランドにおける州別ブドウの栽培面積

図4　イギリスにおけるブドウの栽培面積とワイン生産量の推移

〈FSA（イギリス食品規格機関）"UK Vineyard Register"より作成〉

04 イタリアの南北問題
拡大する格差・拡散する人々

　南北に長いイタリアでは、北部と南部で生活水準が大きく違います。観光地として日本人にもおなじみの北部の都市（ミラノ・フィレンツェ・ヴェネツィアなど）に対し、ローマ以南の南部は、ナポリを除けば、旅行者も少なく、入ってくる情報も限られます。イタリアの南北の格差とはいったいどのようなものなのか、貧しさから脱するためにイタリアを出てEU各地に拡散しているイタリア人の動向について、地図を描いてみました。

　図1は、イタリアにおける州別の1人あたりのGDP（国内総生産）を示した地図です。最も高いのが、オーストリアと国境を接する北部のトレンティーノ＝アルト・アディジェ州（3万7813ユーロ）で、イタリアの平均（2万6488ユーロ）の1.4倍、EU平均（2万8200ユーロ）の1.3倍あります。一方で最も低いのが、南端部のカラブリア州（1万6467ユーロ）で、イタリア平均の62%しかありません。両州の1人あたりのGDPの差は2倍以上あります。ロンバルディア州の1人あたりGDPはドイツ、フィンランドとほぼ同じで、カラブリア州の1人あたりGDPは、EU内で比較するとギリシア、ポルトガルとほぼ同じです。つまり、イタリアは、同じ国土の中に、EUの富める国と貧しい国が同居しているような状況にあります。

　図2は、2017年の州別の失業率を比較したものです。1人あたりのGDPが最低だったカラブリア州の失業率が最も高く（23.2%）、その北にあるカンパニーナ州（20.9%）、シチリア島のシシリー州（21.5%）と、失業率20%を超える州が南部に集まっています。失業率が最も低いのは1人あたりGDPがトップだったトレンティーノ＝アルト・アディジェ州（5.7%）で、10%を切

04 イタリアの南北問題 拡大する格差・拡散する人々

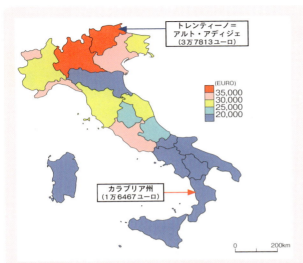

図1 イタリアにおける州別1人あたりのGDP（2017年）

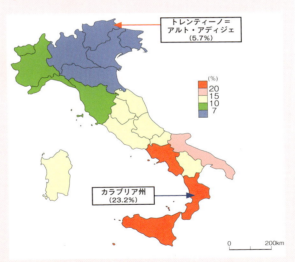

図2 イタリアの州別失業率（2017年）

〈"Eurostat"より作成〉

る州は北部に集まっています。2017年の日本の失業率は最も高かった沖縄県が4.4％、最も低かった島根県が1.7％、東京都が3.2％でした。イタリアは日本よりも雇用状況が厳しく、国内の格差も相当大きいことが窺えます。

図3は、EU各国の国別の失業率と、最も高い州と低い州の幅をグラフにしたものです。EU全体の平均失業率が8.6％ですが、イギリスは4.8％、ドイツは4.1％と低めです。一方、フランスは10.1％、イタリアは11.2％、スペインは19.6％、ギリシアは23.6％と、失業率が高めです。フランスやスペイン、ギリシアは、失業率の高い地域と低い地域に幅がある点がイタリアと似ています。工業が発達した都市部と、発展の恩恵を受けづらい農村部の差がなかなか埋まらないのが南ヨーロッパの共通する課題と言えます。

地域による経済の格差は、国内移住や国境を越える移民を促します。図4・5は、イタリアから他国に移住した人の数を2007年と2016年で比較した地図です。2007年にイタリアからの移住者が最も多かったのはスペインで、その数は年間2万1200人に上りました。以下、ドイツ（1万8624人）、スイス（8540人）、ベルギー（2708人）と、歴史・民族的に近い隣国に多くの人が移り住んでいます（フランスはデータなし）。2016年はドイツへの移住の統計はありませんが、1位はイギリス（2万8894人）、2位はスペイン（2万1667人）、3位スイス（1万6496人）、4位フランス（1万3883人）が5000人を超えています。新たな傾向として、新たにEUに加盟した東ヨーロッパ諸国に移住するイタリア人が増えています。

図6は、ヨーロッパ各国に定住しているイタリア国籍市民の分布と人口増減を見た地図です。イタリア本国の人口は約5542万人（2017年）で、2008年から約64万4000人（1.14％）減少しました。イタリア以外の国で最もイタリア国籍市民が多い国はドイツで、約56万7000人です。2008年から3440人の減少（−0.6％）で、ほぼ横ばいの状況にあります。2位がスイス（約31万6000人）で8.7％の増加でした。

大量のイタリア人が故国を離れて移住する現象を「イタリアン・ディアスポラ」（原語はギリシア語で大移住の意）と呼んでいますが、イタリアでは、1861年の建国以来3回のディアスポラを経験しています。1回目はイタリア王国建国直後の1860年代から1900年頃にかけて発生し、多くの人々がアメリカ合衆国やアルゼンチンに移住しました。2回目は第一次世界大戦後

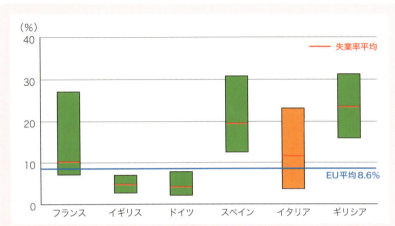

図3 EU各国の失業率(2016年)

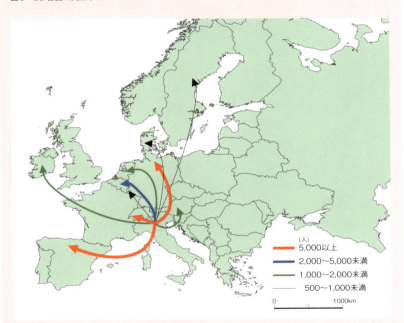

図4 イタリアからEU各国への移住者 [2007年]

〈"Eurostat"より作成〉

の1920年代から40年代にかけて、アメリカ合衆国やカナダに加え、当時イタリアが植民地支配したリビア、ソマリアに移りました。1860年代から1940年代までにイタリアを出た移民は900万人に達すると言われています。

　3度目のディアスポラは、イタリアが第二次世界大戦に敗れたのち1945年頃から始まり、1970年頃まで続きました。当初はフランスやイギリスの工業都市の労働者として移り住む人が多くいましたが、1952年にイタリアがドイツとともにECSC（ヨーロッパ石炭鉄鋼共同体）に加盟し、1961年に両国間で「労働者の移動の自由」を認める合意をすると、ドイツに向かうイタリア人が急増しました。

　移住者・移民と言うと、非熟練の単純労働者というイメージを持ちやすいですが、ドイツに住むイタリア人は、熟練労働や知的労働に就いている人が多いようです。ドイツの大学は学費が安く、公的支援が充実しているので、イタリア人学生が留学し、卒業してそのままドイツの企業に就職して働くことも少なくありません。医学や薬学の資格を得て開業する人もいるそうです。

　ドイツの次にイタリア人の多い国はスイスで約31万6000人、次いでイギリス（約23万8000人）、フランス（約21万3000人）、スペイン（約20万3000人）、ベルギー（約15万6000人）が、10万人以上の定住者がいる国です。イタリア人移住者の伸び率が高い国を見てみると、最も高かったのがスロベニア（2008年543人→2017年2062人：279％）、次いでノルウェー（2008年1578人→2017年5091人：222％）、ハンガリー（2008年1207人→2017年3353人：177％）、スロバキア（2008年970人→2017年2563人：164％）と続きます。EUが拡大し、西欧の企業が東欧や北欧諸国へ進出していくのと歩調を合わせて、人々の移動が活発化しているのかもしれません。例えばイタリア人の転勤や、駐在員向けのホテルやレストランなどのサービス産業に従事するための移住が考えられます。

　イタリアは、南北の格差と高失業率に加え、EU域内の移動しやすさも手伝って、比較的容易に国外に出てしまうような社会になりつつあるようです。

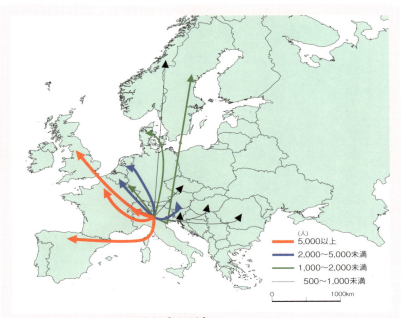

図5　イタリアからEU各国への移住者　[2016年]

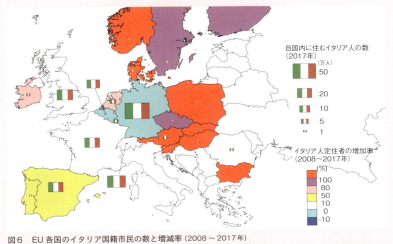

図6　EU各国のイタリア国籍市民の数と増減率（2008～2017年）

〈"Eurostat"より作成〉

05 「コールド・ラッシュ」の功罪
アイスランドのITバブル

　アイスランド。EUに加盟していないこの小さな島国が、2008年、首相自ら国家財政が破たんの危機にあると宣言し、銀行の国有化と預金の一時封鎖が行われ、大混乱に陥りました。もともと漁業と観光、温泉と地熱発電ぐらいしか売り物がなかったこの国は、2001年に変動相場制に移行し、インターネットバンキングの利便性を生かして、普通預金の利率が年15％以上という破格の金利でヨーロッパ（特にイギリス）から預金を集めていたのですが、リーマンショックの影響を受けて通貨が暴落し、取り付け騒ぎを起こしたのです。

　小さな島国がグローバルなお金と情報の波に乗り、大きな失敗をしたわけですが、政府は再びIT産業のグローバルな流れに身を任せようとしています。今、アイスランドでは国を挙げてデータセンター（大手通信企業や金融機関、通販サイトなどが所有するサーバーコンピューターの集合体）の誘致に力を入れています。

　図1は、アイスランド島内のデータセンターの分布図です。首都レイキャビクは、島の南西側の海岸に面した人口12万3000人（2016年）の小さな町です。この町を取り囲むような形で水力発電所、地熱発電所が集中しています。図2・3は、各発電所の出力を棒グラフで表し、データセンターの分布と重ね合わせた図です。アイスランドの電力は、国内15か所の水力発電所（総発電能力1248MW：2011年）と、6か所の地熱発電所（総発電能力649.5MW：同年）で賄われています。データセンターは、発電所に隣接する形でレイキャビク周辺に7か所、島の北部に2か所あります。データセンターが集中する

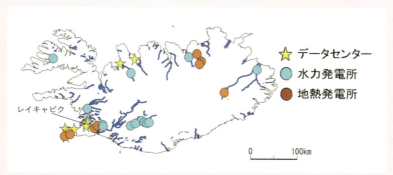

図1 アイスランドの発電所およびデータセンターの分布

図2 アイスランドの発電所の出力とデータセンターの分布
（赤：地熱発電所、青：水力発電所、黄：データセンター）

© Google

〈Wikipedia "List of power stations in Iceland" およびアイスランド政府エネルギー省
"Invest Iceland" より作成〉

島の南西部には、大きな地熱発電所がいくつも立地しています。

　なぜアイスランドにデータセンターを置くのが有利なのか。政府は地理的、環境的な優位性を積極的にPRしています。特に強調されるのは、気候的な要因と、安くて豊富でなおかつ「環境に優しい」電力の存在です。アイスランドは高緯度にあるため、夏でも平均気温は15度未満と冷涼である一方で冬は暖流の影響で、厳しい寒さがない西岸海洋性気候（温帯）に属します。そのため、データセンターにつきものの冷房のコストが低く抑えられる一方で、冬に凍りつくほどの寒さから機材を守るコストがかからず、凍結や猛吹雪による送電線の破損やそれに伴う停電のリスクが低いのが特徴です。

　図4は、アイスランドにおける発電量の推移をエネルギー別に見たものです。2008年の金融危機を境に発電量が大幅に伸び、特に地熱発電の発電量が伸びています。アイスランド政府がデータセンターを誘致する前は、電力の大口需要先は首都近郊にあるアルミニウム工場でした。2008年の金融危機以後、アイスランド政府は国内の発電施設を増強するとともに、法人税率を33％から15％に下げて、データセンターの誘致を図りました。2009年にGoogleが、欧州エリア最大のデータセンターをアイスランドに建設したのを皮切りに、データセンターの建設ラッシュが続きました。こうした現象を、BBCをはじめとした欧州メディアはアメリカの金採掘ブームになぞらえて「コールド・ラッシュ（Cold Rush）」と呼びました。

　アイスランドの電力は100％再生可能エネルギーから生み出され、二酸化炭素をほとんど出しません。金融危機にめげず、クリーンなエネルギーで経済再生を図るアイスランドの取り組みは当初大いに称えられましたが、拡張された地熱発電所から海に排出される温排水が陸地および周辺海域の生態系を破壊し、伝統的な漁業に悪影響を与えているという指摘もあります。また、北欧の他の国々も、水力発電や風力発電を使った安い電力と冷涼な気候を生かしてデータセンターの誘致に積極的に取り組んでおり、アイスランドの優位性は揺らぎつつあるようです。

図3 レイキャビク付近拡大図　　　　　　　　　　　　　　　　　　　　© Google

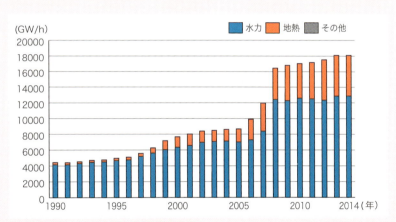

図4 アイスランドのエネルギー源別発電量の推移
〈アイスランド政府エネルギー省 "Generation of Electricity in Iceland" より作成〉

06 難民爆発
殺到する人々、分かれる対応

　2014年の末頃から、EU諸国を目指す各地からの難民が急増し、ヨーロッパでは「難民危機」と言われる現象が起こりました。きっかけは、2014年にリビアのカダフィ政権が崩壊した後の混乱で、リビアからイタリアを目指す難民が急増したことですが、その後はシリアやアフガニスタンなど、中東諸国からの難民が激増しました。

　EU28か国の難民受け入れ者数は、2013年の43万1095人から2014年には62万6960人、2015年は132万2845人、2016年126万910人と急増します。2017年には減少して70万8585人になりました。なぜ難民はこれほどまでに増えたのか、彼らはヨーロッパのどこの国に落ち着いたのかについて地図化してみました。

　図1は、EU各国の難民受け入れ者数を年ごとにグラフにしたものです。2008年に難民を最も多く受け入れていた国はフランスで、年間4万1840人、次いでイタリアが3万140人、ドイツが2万6845人でした。EU全体では22万5150人を受け入れています。難民受け入れが急増した2015年に最も多くの難民を受け入れたのはドイツで47万6510人と、2位のハンガリー（17万7135人）、3位のスウェーデン（16万2450人）を大きく引き離しています。難民の主要な移動ルートにあたる国では多くの難民が通過していますが、ブルガリア（1万9420人）、ギリシア（5万1110人）の認定者数はドイツほど多くありません。2017年になると、ドイツの難民認定者数は減少し、イタリアやギリシアで増加しています。

　図2は、ヨーロッパを目指す難民が通ったルートと、主な出身地を示した

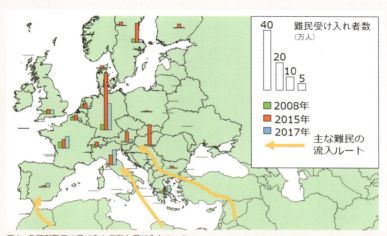

図1 各国別難民の受け入れ者数と受け入れルート

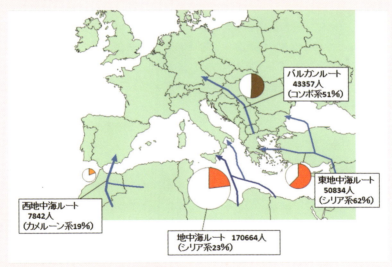

図2 主な難民の流入ルートと出身地（2017年）

〈"Eurostat"より作成〉

地図です。内戦や武装集団「イスラム国」の支配を逃れたシリアの難民がトルコから陸路で移動するルートと、海上をギリシアに向かうルートが最も多く、バルカン諸国での国境通過を巡っての衝突や、海上での遭難が大きな問題になりました。一方、内戦や経済的困窮からヨーロッパを目指すアフリカ諸国からの難民は、サハラ砂漠を経由してスペインを目指すルートがあります。こちらは、人身売買を含めた詐欺なども問題視されており、受け入れ地となるスペインでは、国境警備に頭を悩ませています。

　図3は、EU諸国に受け入れが認められた難民の出身国とその数の推移を見たグラフです。シリアとアフガニスタンからの難民が重なった2016年が最も多く、2017年から収束していきます。これは、当該国の治安や政情不安が回復したというよりも、各国がEUの原則に反して、難民の受け入れに一定の規制をかけ始めたためです。

　図4は、2015年9月に策定されたEUの緊急難民受け入れ計画に対する各国の反応と、国境管理の変化を地図化したものです。2015年9月23日、EUはブリュッセルで緊急首脳会議を開き、シリア難民の救援に10億ユーロ（当時のレートで約1340億円）を拠出し、難民の通過国であるトルコやバルカン諸国への援助を決めました。翌2016年3月には、さらに30億ユーロを拠出して、EU域内での住宅建設や食糧支援を決定しました。しかし、これらの決議は満場一致で下されたわけではなく、いくつかの国が反対を表明しています。また、賛成した国も、国境上に新たに鉄条網を設置したり、入国審査の要件をより厳しくするなどの措置に出ています。

　EUでは、シェンゲン協定により、EUの市民はもとより、一度EUの国に入国した人は域内では自由に移動できる原則がありますが、このように公然と国境を封鎖する事態は、EU本来の目的を阻害する行為と言えます。クロアチア、マケドニア、ギリシアでは、難民のいかんにかかわらず、国籍によって入国を拒否する事態も続いており、難民が国境で立ち往生する事態も発生しています。一方、政権の政策で大量に難民を受け入れたドイツでは、政権与党が批判にさらされて不安定に陥るなど、問題は後を引いています。

　人道的見地から無制限に受け入れるべきか、立ち往生させてでも制限をかけるべきか、難民の急増にEU自体がその存在価値を試されています。

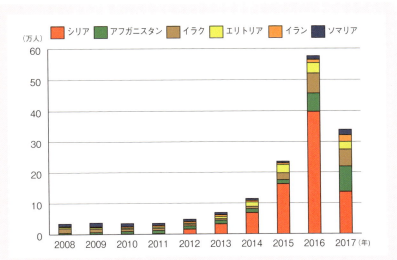

図3　難民の出身国と流入者数の推移（2017年の申請者数1万人以上）

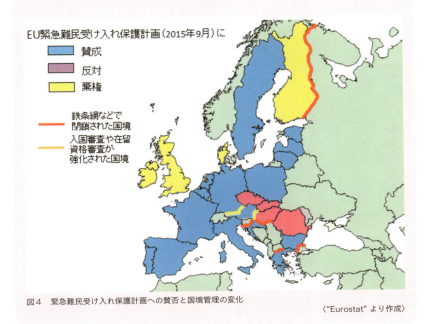

図4　緊急難民受け入れ保護計画への賛否と国境管理の変化

〈"Eurostat"より作成〉

06 難民爆発　殺到する人々、分かれる対応

column ❸
ランドグラビング
── 投資か？収奪か？

　発展途上国を中心に、農地や農地に転用可能な土地を外国資本に販売する動きが活発化しています。国際的な農地の取引を監視する NGO の資料を地図化してみました。

　図1は、2016年に農地を外国資本に売却した国と売却面積を示した図です。最も土地を売ったのはスーダン（340万9700ha）で、その面積は関東6都県（東京・埼玉・神奈川・茨城・千葉・群馬）に静岡県を足した面積に匹敵します。最も多くの農地を買ったのは UAE（アラブ首長国連邦）の企業で343万 ha、2位がアメリカ合衆国（128万 ha）、3位が韓国（106万 ha）でした。

　外国の農地の買収と開発は、自国の食糧の安定供給や、投資先としても有望です。しかし開発による環境破壊や地元農民との対立も懸念され、「ランドグラビング」（土地収奪）と非難されることもあります。耕作放棄地問題を抱える日本もターゲットにされる日が来るかもしれません。

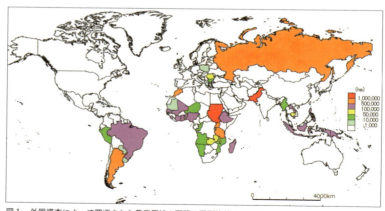

図1　外国資本によって買収された農業用地の面積の国別比較（2016年）
〈GRAIN "The global farmland grab in 2016"（https://www.grain.org/）より作成〉

第4章
北アメリカを地図化する

第4章 北アメリカを地図化する

01 都市で見るアメリカ①
大都市の発達と縮小

　アメリカ合衆国の国勢調査は1790年に第1回が行われ、以後10年に1回、西暦の1ケタ目に0がつく年の4月1日を基準に統計がとられています。各州政府が行ってまとめていましたが、1903年に連邦政府直轄となり、この調整を行う国勢調査局（USセンサスビューロー）は12の地方部局で構成されています。国勢調査局は、国勢調査の他に毎年、各都市の推定人口（7月1日現在）を発表しています。都市の人口の推移を地図にしながら、拡大する都市と縮小する都市の分布を調べてみました。

　図1は、1860年の都市の人口と分布です。人口10万人を超える都市は全米で9つしかなく、人口が20万人を超えていれば大都市と言える状況でした。人口20万人を超えていたのはニューヨーク（81万人）、フィラデルフィア（56万人）、ブルックリン（26万人）、ボルチモア（21万人）の4都市です。ニューヨーク市とブルックリン市は当時別々の町で、両市が統合して「ニューヨーク市ブルックリン区」になったのは1898年です。ニューヨークの中心であるマンハッタン島との間は橋やトンネルで接続されています。

　1920年代（図2）になると、人口10万人を超える都市は68都市に増えました。最大都市のニューヨークが562万人、2位のシカゴが270万人、フィラデルフィア182万人と、100万人を超える都市が現れます。それに続く大都市は、東海岸から五大湖沿岸に集中しています。特にアパラチア山脈から五大湖沿岸で急成長を遂げた都市の人口が増えています。デトロイト（99万人）、ボルチモア（73万人）、ピッツバーグ（58万人）、ミルウォーキー（45万人）などです。

01 都市で見るアメリカ① 大都市の発達と縮小

図1　人口10万人以上の都市の分布　［1860年］（ハワイ・アラスカを除く、以下同じ）

図2　人口10万人以上の都市の分布　［1920年］

図3　人口10万人以上の都市の分布　［1960年］

〈US-Census Bureau "Population of the 100 Largest Cities and Other Urban Places In The United States" より作成〉

馬車や自転車の工場が集まっていたデトロイトで自動車産業が始まったのが1899年。後に「フォードシステム」と呼ばれる大量生産方式で業界を席巻したヘンリー・フォードがこの地に自動車工場を建てたのが1903年のことでした。その後、クライスラー、ゼネラルモータースが創業し、最盛期には184万人（1950年）に達しましたが、現在は約67万3000人（2017年）にまで減りました。市は2013年7月に財政破綻しています。

　南北戦争の前線に近く、武器や軍需品の生産で活況を呈していたピッツバーグに1875年に鉄工所を建設した40歳の実業家、アンドリュー・カーネギーは、ライバル社を吸収合併して1901年に「USスチール」を設立します。1910年代には、アメリカで生産される鉄の3分の1から2分の1がピッツバーグで生産されると言われるほどの繁栄を極めました。最盛期（1980年頃）の人口は42万人に達しましたが、その後減少に転じ、現在は約30万5000人です。同市も2003年に財政破綻し、州および連邦から救済措置を受けています。

　1840年代にドイツからアメリカに渡った移民は約38万人、1850年代には97万6000人に達し、その多くが中西部のウィスコンシン州に住みました。ミルウォーキーは、当時アメリカ最大の小麦の生産量を誇る同州の中心として、鉄道の駅を中心に発展しました。穀物の出荷量や製粉業でシカゴと競い合い、豊かな水資源を生かした製紙業、そしてドイツから持ち込まれたビールの製法を生かした醸造業で町は発展しました。

　1848年に金鉱が発見されて以来、急速に人口が増えた西部では、ロサンゼルス（57万人）、サンフランシスコ（50万人）の二大都市が成長しました。両市の中間地点にあたるコーリンガで1896年に油田が発見され、以後ロサンゼルス近郊で大規模な油田開発が始まりました。ガソリンエンジンの発明とともに石油化学産業が発達し、第二次世界大戦中には航空機産業が盛んになりました。

　ゴールドラッシュで賑わい、西海岸の貿易と金融の中心になったサンフランシスコでは、1906年4月18日に大地震が発生し、ガス管に引火して大火災が発生しました。町の4分の3が焼失する大惨事になりましたが、急速な復興を遂げ、1915年には万国博覧会を開催しました。

　1960年代（図3）になると、人口100万人を超える都市は5つになり（ニュ

01 都市で見るアメリカ① 大都市の発達と縮小

図4　人口10万人以上の都市の分布　[1980年]

図5　人口10万人以上の都市の分布　[2000年]

図6　人口10万人以上の都市の分布　[2017年]

〈US-Census Bureau "Population of the 100 Largest Cities and Other Urban Places In The United States" より作成〉

ーヨーク：778万人、シカゴ：335万人、ロサンゼルス：248万人、フィラデルフィア：200万人、デトロイト：167万人）、中西部から南部にかけて人口50万人を超える都市が増えます。公民権運動の高まりの中で、農村部から都市に移住する黒人労働者が増えたことが要因として考えられます。

　1980年代（図4）に入ると、大都市の中でも人口が増えている都市と減少を始めた都市に分かれていきます。ニューヨークは1位を保っていますが、人口は707万人と、1960年に比べて71万人の減少、2位のシカゴは1960年に355万人だったのが300万人に、3位フィラデルフィアは200万人から168万人、4位デトロイトは167万人から120万人に減少しました。大都市に新たな移住者や外国からの移民が集まってくる中で、環境悪化を懸念した富裕層が郊外に転出した結果、人口が減少したものと考えられます。一方、南部の諸都市では人口増加が著しく、ヒューストン（159万人）は1960年から65万人の増加、ロサンゼルス（296万人）は48万人の増加、サンノゼ（63万人）は42万人の増加となっています。

　2000年（図5）になると、ニューヨークの人口が増加に転じ、817万人になりました。ロサンゼルスは379万人でアメリカ第二の都市になりました。2017年（図6）現在、ニューヨークは862万人、ロサンゼルス399万人、シカゴ271万人、ヒューストン231万人、フェニックス162万人の順です。

　図7は、2010年と2017年の都市人口の増減を比較した地図です。また、人口の増減幅が大きかった都市を表1にまとめました。最も人口増加率が高かったのはテキサス州オースティンで、7年間で人口が16万人増加しました。「サンベルト」と呼ばれる先端工業地帯の一角に位置し、技術者や温暖な気候環境を求める移住者を多く呼び寄せています。一方、人口減少率が最も高かったのが、デトロイトでした。「ラストベルト」（錆びついたベルト）と言われる周辺地域では、人口減少に見舞われている都市が目につきます。都市の繁栄は、決して永遠ではありません。栄華盛衰が感じられる地図です。

図7 都市別人口(2017年)と人口増加率(2010年との比較)

都市名	人口(2010年)(万人)	人口(2017年)(万人)	増減率(%)
オースティン(テキサス州)	79.0	95.0	20.3
シアトル(ワシントン州)	60.8	72.4	19.0
フォートワース(テキサス州)	74.1	87.4	17.9
デンバー(コロラド州)	60.0	70.4	17.4
フェニックス(アリゾナ州)	144.5	162.6	12.5
ボルチモア(メリーランド州)	62.0	61.1	-1.5
デトロイト(ミシガン州)	71.3	67.3	-5.7

表1 人口増減率が高い都市・低い都市(人口50万人以上)

〈US-Census Bureau "Population of the 100 Largest Cities and Other Urban Places In The United States" より作成〉

02 都市で見るアメリカ②
マイノリティが占める町

　国勢調査によるアメリカ合衆国の都市の比較の続きです。アメリカの国勢調査で伝統的に続けられている人種別の統計を使って、都市を比較してみました。

　図1は、アメリカ合衆国の主な都市における黒人住民の割合を示した地図です。黒人の住民の割合が最も高かったのはデトロイトで、住民の82.7%にのぼります。次いでボルチモア (63.7%)、アトランタ (54.0%)、ワシントン D.C. (50.7%) でした。州ごとの黒人人口と全体に占める割合を表した地図（図2）と比較してみると、黒人の割合が多い州と、黒人が多い都市の分布は必ずしも一致していないことがわかります。デトロイトのあるミシガン州は、黒人が占める割合は14.1% (16位)、ボルチモアのあるメリーランド州は29.4% (5位)、アトランタのあるジョージア州は30.4% (4位) でした。

　老朽化した都市の中心部の人口が減少する一方で、低家賃の住居を求めて貧困層が集まり、それを嫌った中間層や富裕層が郊外に転居することで、ますます棲み分けが加速して、中心市街地の周縁部の治安や環境が劣悪化していく現象を「インナーシティ問題」と呼んでいます。アメリカでは、貧困層の多くを黒人などの有色人種やヒスパニック系、新移民などが占めます。デトロイト市は、前項で見た通り1980年代以後、自動車産業の衰退による人口減少と郊外化が進んだこと、2013年に財政破綻を宣言し、行政サービスが極端に低下していることもあり、市域から白人やアジア系の人々が逃避した結果、黒人住民率が8割を超える事態になっています。ちなみに、最も黒人の住民が多かった都市はニューヨークで205万人、総人口に占める割合は

02 都市で見るアメリカ② マイノリティが占める町

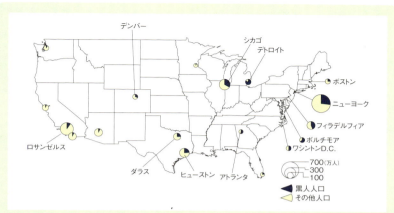

図1 アメリカの主要都市の人口と黒人比率

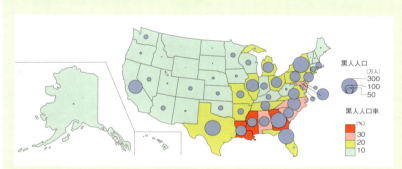

図2 各州別の黒人人口と総人口に占める割合

〈2010年 人口センサスより作成〉

26.8％、次に多いのがシカゴで88.7万人、総人口に占める割合は32.9％でした。

　図3は、各都市の人口に占めるヒスパニック系（スペイン語を母語とする人々）の割合を示した地図です。図4の州別のヒスパニック系の人口の割合と比較すると、ある程度の相関関係が成り立っていることがわかります。ヒスパニック系住人の割合が高い都市はマイアミ（70.1％、28万人）で、2位がロサンゼルス（43.8％、154万人）、3位がサンアントニオ（42.5％、50.4万人）、4位ダラス（39.8％、44.1万人）、5位ヒューストン（37.3％、69万人）でした。地理的にメキシコに近く、州全体でもヒスパニック住人の割合が高い州や、ニューヨークのように、プエルトリコや中南米への直行便を持ち、就業の機会が多い大都市に、ヒスパニック系の人々は多く集まります。マイアミやロサンゼルスのように、住民の半数以上、あるいはそれに近い数の住民がマイノリティで占められている都市も出てきており、住民への対応や、人種間の対立をいかに回避するか、これからの都市運営の課題と言えます。ちなみに、最もヒスパニック系の人口が多い都市はニューヨーク（189万人、24.3％）で、次いでロサンゼルス（154万人、43.8％）でした。

　かつて、アメリカ合衆国は「人種のるつぼ」（メルティング・ポット）と言われ、様々な人種・民族・文化的な背景を持った人々が交流し、混ざり合い、新たな文化を創り出す場所であると言われました。しかしその後、人種ごと、民族集団ごとの棲み分け（セグリゲーション）が進み、異なる人種・民族間での交流を避け、自分たちと近い文化や価値観を持つ人たちが互いに独立して存在する都市空間を作っています。ただ、お互いに無関心、無干渉な状態で問題を先送りしていても、人種間の摩擦や差別意識、一方的な権利のはく奪に対する抵抗の意志は、時に爆発的かつ破壊的なエネルギーを発散します。

　図5と6は、アメリカ合衆国内で起きた、人種間対立が原因と見られる暴動の発生地点を地図にしたものです。1960年代から1970年代の暴動の発生地点は、東部から南部の黒人の占める割合が高い州の都市で多発しています。背景には、老朽化した都市の中心部でスラム（不良住宅街）化したインナーシティの再開発を行うために行政当局が住民に立ち退きを命じたことに対する住民（特に黒人）の抵抗と、それを取り締まり、排除しようとした警察とのトラブルがあります。

02 都市で見るアメリカ② マイノリティが占める町

図3 主な都市の人口とスペイン語話者が占める割合

図4 州別のヒスパニック人口と総人口に占める割合

〈2010年人口センサスより作成〉

賃貸住宅に住み、低賃金労働に従事せざるを得ない黒人労働者は、立ち退きを迫られても行くあてはありません。また、職場と家の往復のために払う公共交通機関の運賃も大きな負担です。公共バスでの差別をきっかけに始まった「バスボイコット運動」や、1967年7月23日から27日にかけて発生し、死者43人を出した「デトロイト暴動」は、そうした黒人住民の不満と怒りが爆発した事件と言えます。しかし皮肉なことに、暴動の頻発で都市の中心部から裕福な市民はますます離れていきました。

　1980年代以後になると、暴動の数は減っていますが、これまで暴動が多く発生してきた中西部だけでなく、西部のカリフォルニア州やオレゴン州、ワシントン州などでも暴動が起きています。中でも知られているのが1992年4月末から5月初頭にかけて発生した「ロサンゼルス暴動」です。このとき、暴動の主体となったのは黒人の住民たちでしたが、集中的に襲撃されたのは、彼らが日常的に利用していたインナーシティの韓国人が経営する商店でした。経営者は中心部から離れた住宅街にある韓国人コミュニティーに暮らし、黒人客に対して万引きを警戒したり、露骨に嫌な態度を取ったりして、一部の心ない経営者の日頃の行為が、「成功した韓国人商店主は黒人の敵」であるという偏見として増幅され、略奪や破壊の対象になってしまいました。逆に韓国人や日系人の商店主、そして郊外にいる白人にとっても「インナーシティにたむろする黒人は、何をするかわからない、犯罪予備軍だ」というようなイメージが定着し、人種間の分断はさらに深まってしまいました。

　古くからの住民が郊外に去り、残された街に新たな移民が定着し、移民同士の対立やそれに対する不満が爆発する現象は、暴動に至らないまでも、あらゆる都市で起こりうることです。アメリカの都市における分断は、そう遠くない将来、日本でも十分に起こりうる問題だと思われます。今のところ有効な処方箋はありませんが、教訓の一つとして気に留めておきたいものです。

02 都市で見るアメリカ② マイノリティが占める町

図5　暴動が発生した都市［1960〜1970年］

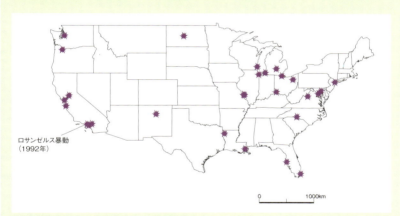

図6　暴動が発生した都市［1980〜2017年］

〈Wikipedia "List of incidents of civil unrest in the United States" より作成〉

第4章 北アメリカを地図化する

03 モーターシティの盛衰
多国籍化する「アメリカ車」

　長らく世界一の自動車生産国の地位を誇ってきたアメリカ合衆国ですが、日本車をはじめ、外国のメーカーとの競争の中で、世界的な再編の最中にあります。その中で、工場の閉鎖や従業員の解雇が相次ぎ、「モーターシティ」と言われた企業城下町の衰退が露わになっています。一方で、各国のメーカーは、貿易摩擦の緩和とアメリカ市場への浸透を狙って、アメリカ本土に現地工場を建設する動きも加速しています。廃れゆく工場と、新たにできた工場、アメリカの自動車産業の立地の変化を地図化してみました。

　図1は、現在操業中のアメリカ国内の自動車工場の分布をメーカーの本社所在国別に表した地図です。アメリカの自動車産業は、東部に集中しています。唯一、西部にあるのが、電気自動車メーカー「テスラ」のフリーモント工場（シリコンバレー付近）です。国別に見ると、アメリカが25工場（ゼネラルモーターズ：12、フォード：8、クライスラー：5）、日本が12工場（トヨタ：4、ホンダ：4、日産：2、スバル：1、日野：1）、韓国が2工場（現代：1、起亜：1）、ドイツが4工場（BMW：1、メルセデス2）、スウェーデンが1工場（ボルボ：1）となっています。

　自動車工場が最も集中しているのが、デトロイトのあるミシガン州で、11の工場がありますが、アメリカのメーカー以外でこの州に工場を持っている国はありません。南に隣接するインディアナ州とオハイオ州では、アメリカよりも日本の自動車メーカーの工場のほうが多くなっています。南部のアラバマ州やサウスカロライナ州には、アメリカのメーカーの工場はなく、日本や韓国、ドイツのメーカーの工場のみがあります。かつての「モーターシ

03 モーターシティの盛衰 多国籍化する「アメリカ車」

図1　アメリカ合衆国の自動車工場の分布（本社所在国別、2017年）
〈Wikipedia "List of automotive assembly plants in the United States" より作成〉

図2　閉鎖された自動車工場の分布（1990〜2017年）
〈Wikipedia "List of former automotive manufacturing plants" より作成〉

ティ」（自動車産業の中心地）から離れるほど外国メーカーの工場が増えますが、これは長らく自動車産業と縁の薄かった地域の自治体（州政府や市・郡など）が外資系のメーカーを積極的に誘致した結果と思われます。

　図2は、日米の貿易摩擦が表面化したのち1990年から2017年までの間に、アメリカ国内で閉鎖された自動車工場の分布を表した地図です。1990年以後、アメリカでは22か所の自動車組み立て工場が閉鎖されました。全てアメリカの会社で、内訳は、ゼネラルモーターズが12、フォード社が8、クライスラーが1工場でした。また、1990年代の閉鎖数は4工場、2000年以後の閉鎖数は18工場にのぼります。閉鎖された工場の分布を見てみると、工場の閉鎖で自動車工場がゼロになってしまった州がいくつかあることがわかります。東海岸のペンシルヴェニア州・ニュージャージー州や南部のジョージア州・オクラホマ州などです。また、古くから自動車工場が集中している五大湖沿岸の諸州でも、アメリカのメーカーの工場閉鎖が相次いでいます。

　現在、アメリカへの市場参入を強く望んでいるのが中国の自動車メーカーです。図3は、国別の自動車生産台数の推移を見たものですが、中国は2009年に世界のトップに躍り出て以来、生産台数を伸ばし続けています。2017年には、2901万台を生産し、日本（969万台）、アメリカ（1118万台）を大きく引き離しています[1]。中国メーカーは、低価格車や電気自動車を中心に市場を広げていこうとしています。そう遠くない将来、中国メーカーはアメリカへ輸出攻勢をかけ、現地生産が行われるかもしれません。

　図4は、アメリカ国内で生産されている自動車の本社所在国別の販売台数と割合です。アメリカ産の車の過半数が、アメリカ以外の資本によって生産されていることがわかります。アメリカのトランプ大統領は、対中国を意識して輸入品に対する大幅な関税引き上げを実行していますが、それによってアメリカが輸入する原材料の価格が上昇し、日用品など生活必需品の価格が上がれば、アメリカでの自動車の生産コストが上がります。アメリカの経済政策と一蓮托生になった各国の自動車メーカーがどのような形で生産を進めていくのか、難しい判断を迫られていると言えます。

1）　日本自動車工業会『世界各国／地域の四輪車生産台数』（2018年版）

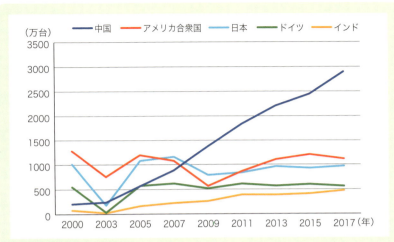

図3　国別自動車生産台数の推移

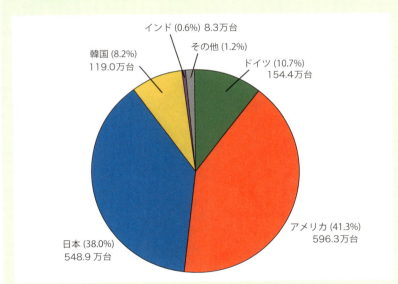

図4　アメリカ市場における自動車メーカーの本社所在国別の販売台数とシェア（2017年）
〈edmins.com "Sales by Make" 2017より作成〉

04 福音か？迷惑か？
「石炭ファースト」政策と採炭地

　アメリカ合衆国のトランプ大統領は、就任間もない2017年3月28日、前任のオバマ政権時代に制定された火力発電所への二酸化炭素（CO_2）排出規制である「クリーン・パワープラン」を停止する大統領令に署名しました。署名後の演説で「私の政権は、石炭との戦争を終わらせる」と述べました。

　同じ年の6月1日、トランプ大統領は、地球温暖化防止条約のパリ協定からの脱退を表明しました。温暖化対策や国際協調よりも、アメリカの産業と雇用を優先させる「アメリカ・ファースト」の象徴のように取り上げられています。しかしトランプ大統領の支持基盤として報じられるアメリカの石炭産業（およびそこで働く白人労働者）も、採炭地の勢いには地域差があり、政策の受け止め方にも温度差があるようです。

　図1～4は、1960～2015年におけるアメリカの州別の採炭量を地図化したものです。石炭産業の中心地が年を追うごとに大きく西に動いていることがわかります。1960年に最も採炭量が多かったのは、ウェストバージニア州で、年間1億790万トン産出しました。2位ペンシルベニア州（7642万トン）、3位ケンタッキー州（6064万トン）と、アパラチア山脈周辺の州が上位を独占しています。1980年では、1位ケンタッキー州（1億3620万トン）、2位ウェストバージニア州（1億1029万トン）、3位ワイオミング州（8608万トン）、4位ペンシルベニア州（8448万トン）と、アパラチア炭田地帯では、石炭産出量が2～3倍に増えています。1980年代がアパラチア炭田の最盛期と言えます。トランプ大統領の支持層である「ラストベルト」地帯の中高年が20～40代だった時期です。

04 福音か？迷惑か？「石炭ファースト」政策と採炭地

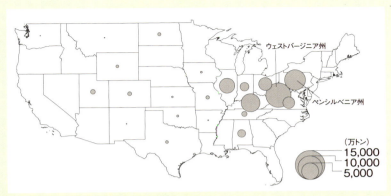

図1　アメリカの州別石炭産出量　[1960年]

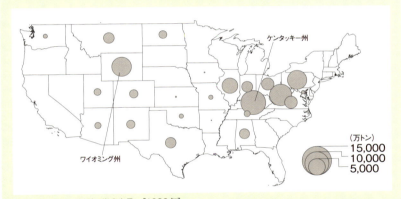

図2　アメリカの州別石炭産出量　[1980年]

〈EIA（アメリカ合衆国エネルギー情報局）"State Energy Data System (SEDS)" より作成〉

1990年代に入ると、アパラチア炭田の地位が揺らいでいきます。1990年にロッキー山麓のワイオミング州が1億6714万トンとなり、1位の座を奪いました。アパラチア炭田地帯では、ケンタッキー州が2位 (1億5723万トン)、ウェストバージニア州が3位 (1億5350万トン)、ペンシルベニア州が4位 (6396万トン) に入りましたが、石炭産出量は若干減っています。

　2000年と2015年を比較すると (図3、4)、石炭の増産に拍車がかかった州と衰退した州に明確に分かれたことがわかります。2015年に1位のワイオミング州が3億744万トンと、これまでの産出量では最大の値を出しているのに対し、2位のウェストバージニア州が1億4356万トン、3位ケンタッキー州が1億1855万トン、4位ペンシルベニア州が6769万トンと、アパラチア炭田付近の諸州では、2000年よりも産出量を減らしています。

　次にアメリカ国内の石炭産出州の採炭量とシェアの変化をグラフにしてみました (図5)。ウェストバージニア、ケンタッキー、ペンシルベニアなどのアパラチア諸州のピークは1990年から2000年で、ワイオミング州は1980年以降に採炭が本格化し、2000年以後に大きなシェアを占めていることがわかります。

　高校地理の教科書では、ワイオミング州を中心とする炭田地帯を「中央炭田」、ワシントン州を中心とする炭田地帯を「西部炭田」と呼んでいます。中央炭田の中核をなすノースアンテロープロシェル炭鉱は、1983年に採掘が始まりました。推定埋蔵量は23億トン (2012年現在) と、採掘中の炭鉱の中では、世界最大の埋蔵量を誇ります。全面的な露天掘りで、徹底した機械化、自動化を進めることで労働者を減らし、産出コストを減らす努力をしています。また、石炭に含まれる硫黄の含有量が0.2%と極めて低いのも特徴です。採掘コストを比較してみると、ウェストバージニア州産の石炭は1トンあたり平均66.5ドルに対し、ワイオミング州産は15.3ドルと、4分の1になっています (2015年)[1]。

　図6は、アメリカの炭田の分布に石炭火力発電所の分布を重ねた地図です。アメリカでは、石炭消費量の9割を火力発電が占めています。最も発電所が多いのが中西部のインディアナ州で64基 (総設備出力1万9468MW)、次いでミシガン州の60基 (1万1957MW)、イリノイ州の55基 (1万6798MW) ですが、古くから炭田を抱える州が多く見られます。新興の採炭地であるワイオ

04 福音か？迷惑か？「石炭ファースト」政策と採炭地

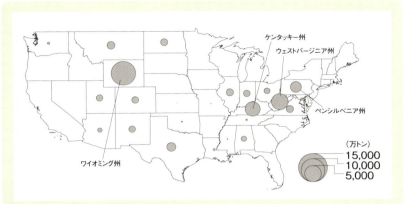

図3　アメリカの州別石炭産出量　[2000年]

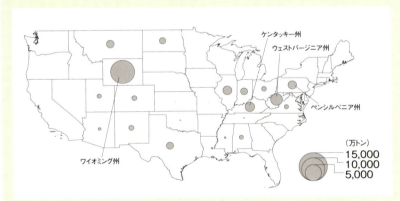

図4　アメリカの州別石炭産出量　[2015年]

〈EIA（アメリカ合衆国エネルギー省情報局）"State Energy Data System (SEDS)" より作成〉

ミング州には28基 (7254MW) の発電所がありますが、ここよりも西の州では、石炭火力発電所は多くありません。オレゴン州1基 (642MW)、カリフォルニア州4基 (101MW)、ワシントン州2基 (1460MW) などです。

　シェールガスの採掘が進んだことによる天然ガス価格の下落や、オバマ前政権の下で行われた石炭火力発電所に対する規制の強化で、発電所の数も発電量も減りつつあります。アメリカ合衆国環境保護庁 (EPA) の資料によると、2001年から2008年まで、年間4～20基の火力発電所が閉鎖されましたが、天然ガスの価格が急落した2009年に10基 (出力合計493MW)、2010年に28基 (同1534MW)、2011年に29基 (同2229MW) と、火力発電所の閉鎖数は増えていきました。追い打ちをかけるような形でEPAが2012年に「水銀および大気汚染物質に関する基準」(MATS) を制定し、2015年に完全実施する決定をすると、基準に適合しない火力発電所の閉鎖が相次ぎました。2012年の石炭火力発電所の閉鎖数は60基 (出力合計9722MW)、2013年に49基 (同6571MW)、2014年に45基 (同4572MW)、そして2015年には過去最大の111基 (16581MW) が閉鎖されました。

　中国や日本、東ヨーロッパ諸国など、石炭による火力発電に依存している国はまだ多く、石炭自体の需要は衰えてはいません。ただ、パリ協定などの国際協定からの一方的な脱退など、国際ルールを守ろうとしないトランプ政権の強権的な姿勢は、アメリカ産石炭の輸出に影響を及ぼすと言われています。

　「ラストベルト」と言われたアメリカ中西部の炭田地帯にとって、大統領の「石炭ファースト」政策はどこまで効果があるのか、地元はどう受け止めているのか、注目したいところです。

1)　独立行政法人石油天然ガス・鉱物資源機構 (2017)「米国の石炭に係る環境規制と石炭需給動向等調査」より。元データはアメリカ合衆国環境保護庁 (EPA)。
　　(http://coal.jogmec.go.jp/content/300335550.pdf)

04 福音か？迷惑か？「石炭ファースト」政策と採炭地

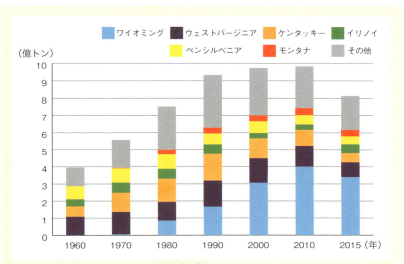

図5　石炭産出上位6州（2015年）の石炭産出量の推移

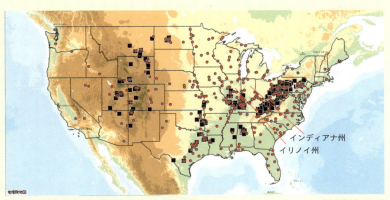

図6　炭田と石炭火力発電所の分布（■：炭田・●発電所）　　　　（地理院地図を加工）

〈EIA（アメリカ合衆国エネルギー情報局）"State Energy Data System (SEDS)"より作成〉

05 合衆国とは違います！
多言語国家・カナダの多様性

　アメリカ合衆国とカナダ。同じ英語圏であり、国境を越えた往来も比較的自由なので、我々日本人はどうしても同じように扱いがちです。しかし、移民の構成や言語集団で地図を描いてみると、アメリカ合衆国とは違った歴史的な側面や考え方の違いが見えてきます。カナダの移民・言語地図を描いてみました。

　図1は、カナダの国勢調査（2016年版）の移民の言語別分類に関する資料から作成した州別の使用言語の調査結果です。カナダでは、英語とフランス語を公用語としており、それ以外の言語を非公用語とし、非公用語は、移民の言語とイヌイット言語に分けて、それぞれの言語集団ごとに細分化した統計がとられています。非公用語を話す人の割合が高いのは、バンクーバーのある西部のブリティッシュコロンビア州と、五大湖沿岸のトロントがあるオンタリオ州で、ともに27％に達します。最も少ないのは、東部のニューファンドランド州で2％でした。イヌイット系の住民が多い北部準州でも、非公用語使用人口は8％しかなく、先住民の公用語化（特に英語化）が進んでいるようです。

　公用語のうち、主に英語を使う人が多い州が多く見られますが、フランス系の住民が多いケベック州ではフランス語の使用率が77.1％に達します。次に多いニューブランスウィック州（ケベック州の東隣）でも31.4％の人がフランス語を第一言語にしています。両者を合わせると、約645万人になります。割合こそ少ないですが、各州にフランス語を話す住人は一定数います。5万人以上いる州を挙げると、オンタリオ州（49万人）、アルバータ州（7

05 合衆国とは違います！多言語国家・カナダの多様性

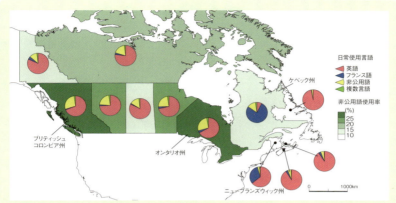

図1　カナダの州別日常使用言語比率と非公用語使用率

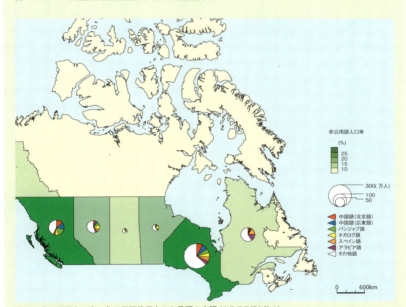

図2　非公用語人口率、非公用語使用人口と言語の内訳（先住民言語を除く）

〈"Census: Immigrant languages in Canada 2016" より作成〉

万2000人)、ブリティッシュコロンビア州 (5万7000人) などです。

　図2は、非公用語に分類される言語の内訳です。英語・フランス語に続いて使用人口が多いのは中国語ですが、カナダでは単純に中国語としてひとくくりにせず、北京語、広東語、上海語、台湾語、上海語、客家語など、詳細に統計をとっています。最も多いのが北京語で、使用人口はカナダ全体で61万人に達します。続いて広東語が59万4000人です。次に多いのが、インドのパンジャブ語で (インド系言語も15種類以上の分類で統計がとられています)、カナダ全体で54万3000人の話者がいます。次いでフィリピンのタガログ語 (53万人)、スペイン語 (49万5000人)、アラビア語 (48万6000人)、イタリア語 (36万4000人)、ウルドゥ語 (17万6000人)、ポルトガル語 (16万人)、ドイツ語 (15万3000人)、ロシア語 (10万4000人) が、使用人口10万人を超える言語です。

　カナダの国内では、移民集団の棲み分け現象が起こっています。図3は、カナダの三大都市 (バンクーバー・トロント・モントリオール) の移民の数を言語集団ごとに比較した図です。バンクーバーでは、北京語・広東語に加え、インドのパンジャブ語、フィリピンのタガログ語、韓国語など、アジア系言語を使う移民が多くを占めます。トロントでも中国系の移民は多いですが、インド系のウルドゥー語の集団も多くなります。フランス語圏にあるケベック州モントリオールでは、アラビア語がトップを占め、旧フランス植民地であるカンボジアからの移民も多く集まっていることがわかります。公用語が英語中心かフランス語中心かによっても棲み分けがなされているようです。

　最後に、先住民の人口分布について見てみます (図4)。各州で一定数の先住民が暮らしており、言語ごとに統計がとられています。アボリジニ言語の中で最も使用人口が多い「イヌクティトゥット (イヌイット)」語で3万6000人、合衆国北部からカナダにかけて定住したインディアンにルーツを持つオジブワ語で2万人おり、最少で使用人口10人の部族の言語まで掌握しています。先住民の人口比率が最も高いのは北部準州ですが、人口自体が最も多いのはケベック州 (4万7000人) です。

　合衆国とは違った形での多様性と民族集団を抱えたカナダ。お互いの違いを意識しつつ、適度な距離を置きながらも、共存共栄を図っているようです。

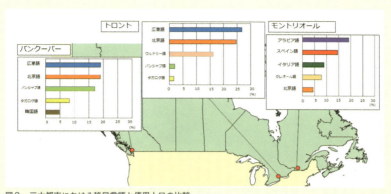

図3　三大都市における移民言語と使用人口の比較

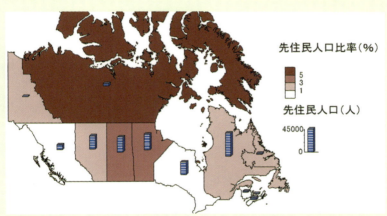

図4　州別の先住民人口比率と先住民人口

〈"Census: Immigrant languages in Canada 2016" より作成〉

サバの貿易収支 ── 安く売り、高く買う日本

　サバは、日本近海で大量に獲れるにもかかわらず、国内では輸入物が常に売られている不思議な魚です。サバの貿易収支を地図にしてみました。

　図1は、日本のサバの輸入先および輸入量を示した地図です。2018年の輸入総量は3171トンで、輸入総額は7億1383万円。71％がノルウェー産で、1kgあたりの平均単価は225円でした。図2は日本産のサバの輸出先および輸出量です。2018年の輸出総量は24万9517トンで、最も多かったのがナイジェリア（5万1152トン）で、次いでエジプト（4万5754トン）、タイ（4万70トン）、1kgあたりの平均単価は106円でした。

　ノルウェー産のサバは、漁法の規制や小型魚の捕獲の制限など、資源管理が徹底されているため、脂の乗った成魚が多く単価は高く維持されています。一方、小型魚も一網打尽にする日本産のサバは冷凍品や加工品（ダシや缶詰など）に回されています。漁業の持続可能性を考えると、日本産のサバも成魚のみを漁獲して高く売るのが理想ですが、漁場への燃料費などの費用の回収や、途上国の需要を前に徹底できないのが実情のようです。

図1　サバの輸入先と輸入量
（2018年）
（農林水産省「農林水産物輸出入統計」より作成）

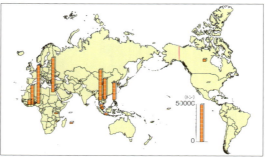

図2　サバの輸出先と輸出量
（2018年）
（出典：図1に同じ）

第5章

南アメリカを地図化する

第5章 南アメリカを地図化する

01 スモッグと貧困層は山を登る
メキシコシティの大気汚染

　メキシコの首都、メキシコシティ（メキシコ市）は、中南米最大の都市です。人口892万人（2015年）、周辺地域を含めた大都市圏人口は2023万人と、東京大都市圏とほぼ同じ規模の人口が、高地上の盆地に住んでいます。近年、自動車産業をはじめ、目覚ましい工業化を遂げている一方で、高地の都市、急速な発展を遂げる国の首都ゆえの悩みにさらされています。特に世界的に有名になり、メキシコシティの代名詞のようになってしまった大気汚染を例に、南米の都市が抱える悩みについて、地図を描いてみました。

　図1は、メキシコの州別人口と人口密度の地図です。メキシコ首都圏のあるメキシコ盆地は、連邦直轄区であるメキシコ市（892万人、2015年）と、周辺のメキシコ州（1619万人、2015年）の東部にまたがります。盆地の面積は7856km²で、東京都と千葉県を足したくらいの広さがあります。

　メキシコの平均人口密度は67.9人/km²ですが、メキシコ州は758人/km²、メキシコ市は6005人/km²と際立って高くなっています（2015年）。メキシコ州の次に人口密度が高い東隣のメレロス州（図1のオレンジに塗られた州）の人口密度が364人/km²なので、メキシコ盆地への人口集中ぶりがわかります。

　図2は、メキシコ市首都圏（メキシコ市、メキシコ州）の人口推移です。首都圏の人口は、1950年代以後増加していますが、1980年代以後は、メキシコ市よりも周辺部のメキシコ州で著しく増加しているのがわかります。メキシコシティの人口は1990年に883万人から2015年に892万人と、25年間で9万人（1.1%）増加したのに対し、メキシコ州は1990年の982万人から

01 スモッグと貧困層は山を登る メキシコシティの大気汚染

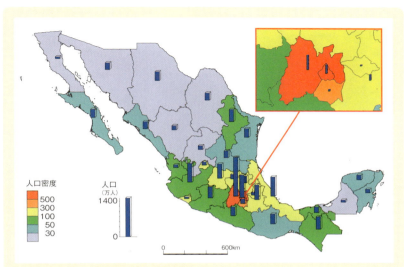

図1　メキシコの州別人口と人口密度（2015年）

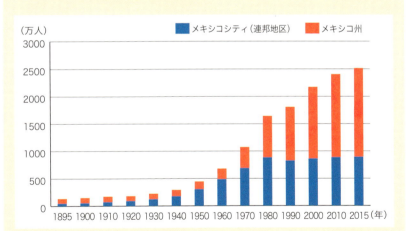

図2　メキシコシティとメキシコ州の人口推移

〈メキシコ政府統計局 "Instituto Nacional de Estodisticay Geografia" より作成〉

2015年には1619万人と637万人(64.8%)増加しました。

　人口の増加は市街地の急激な拡大をもたらします。図3は、メキシコ市首都圏の市街地の拡大を示した地図です。スペインの植民地だった1700年代から2015年に至るまでの市街地を6段階で示しています。

　メキシコシティは、スペインに征服される前は、付近を支配したアステカ王国の首都「ティノチティトラン」でした。13世紀初頭にメキシコ盆地に入ったアステカ人は、盆地の中央にあった巨大な湖、テスココ湖の干拓を行い、1325年に湖上に島を作ってそこを首都としました。最盛期には30万人の人々が住んだと言われています。1519年、コルテス率いるスペイン侵略軍によって街は破壊され、跡地にヨーロッパ風の街が築かれて、メキシコシティが誕生しました。市街地を取り囲んでいたテスココ湖は、東部を除いて干拓されました。地図上で茶色に塗られている1700年代の市街地には、約10万人の人が暮らしていました。第二次世界大戦後、市街地は一気に外側に広がりますが、1990年代以後の広がりが大きくなっています。また、2000年までは市街地が連続的に広がっていたのに対して、2000年以後は、既存の市街地との連続性を持たない飛び地のような市街地が増えているのがわかります。盆地の外側に行くほど標高は高くなります。水道などのインフラが十分に整っていない上、汚染物質は上空に溜まりやすく(写真1)、住環境としては決して恵まれていない郊外の山岳地域にスラムや低所得者層の住宅が急増しています。

　こうした新しい居住地に住む人々の生活の足になっているのが、自家用車や乗合のバスです。中古の自動車や私設の乗合バスは、古く整備不良のものが多く、有効な取り締まり策がないまま放任状態が続いています。

　近年、アメリカに拠点を置いていた自動車メーカーがメキシコに進出して現地生産を進めるようになりました。人々の所得が増え、メキシコの自動車販売台数も増加しています(2010年：50万3748台、2015年：89万2194台)。2015年、政府が自動車利用者に対する環境規制(ナンバープレートによる市街地への流入規制)を緩めたところ、大気汚染警報(外出の自粛や学校の校外活動の禁止)の発令頻度が増えました。

　急速な経済発展は、公害や社会環境の悪化をもたらしますが、狭い盆地に人が集まるメキシコシティは、それが顕著に表れてしまっているようです。

01 スモッグと貧困層は山を登る メキシコシティの大気汚染

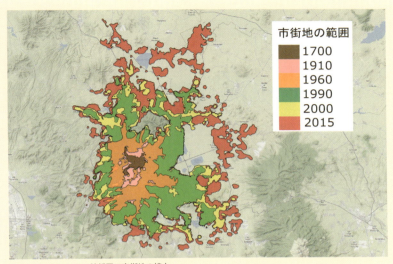

図3　メキシコシティ首都圏の市街地の拡大
〈"ATLAS OF URBAN EXPANSION"(http://www.atlasofurbanexpansion.org/data)より作成〉
Ⓒ OpenStreetMap Contributors

市街地の範囲
- 1700
- 1910
- 1960
- 1990
- 2000
- 2015

写真1　スモッグが漂うメキシコシティ（2010年12月）　　Ⓒ Fidel Gonzales

02 増え続ける「アマゾン牛」
飼育頭数世界一の背景

　世界最大の熱帯林地帯であるアマゾン川流域では、1年間で東京都の面積の3.6倍（7989km²、2015年ブラジル政府発表）が失われています。そのうち8割が、牧草地や大豆畑にするための「開拓」です。また、農地を広げるために行われる森林伐採と「焼畑」のために、年間3億4000万トンもの二酸化炭素が放出されています。森林破壊、環境破壊の代名詞のように取り上げられてきたアマゾンの牧場化ですが、開拓が始まってから40年近くが経過し、関係国にとっては欠かせない基幹産業になりつつあります。

　図1は、ブラジルにおける肉牛の飼育頭数の推移を表したものです。アマゾンで放牧地や家畜の餌となる大豆の栽培が本格化したのは、1974年に始まった「ポラアマゾニア計画」（アマゾン農牧・農鉱業拠点計画）からです。前年の第一次石油危機で膨大な対外債務を抱えることになったブラジル政府は、輸入に依存しないエネルギーおよび原料の供給と、鉱物および農産物の増産を目指して、アマゾンでの鉱物資源採掘と農地拡大を進めました。1974年の牛の飼育頭数は約9249万頭でしたが、翌1975年には1億253万頭と、1年間で1000万頭近く増え、1980年にはさらに1000万頭以上増えて1億1897万頭になりました。日本で飼育されている牛の総数が382万頭（乳牛と肉牛の合算値、2017年2月1日現在）ですから、短期間でいかに急速な開拓が行われ、牛が増やされていったかがわかります。その後も牛の飼育頭数は年々増加し、1991年に1億5000万頭、2004年には2億頭を超えました。2017年現在、2億1489万頭の牛がブラジルで飼育され、インド（1億8510万頭）、

02 増え続ける「アマゾン牛」 飼育頭数世界一の背景

図1　ブラジルにおける肉牛の飼育頭数の変化

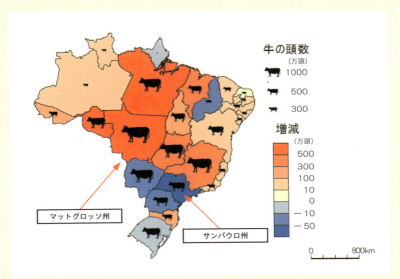

図2　州別の肉牛飼育頭数（2016年）と増減（2000〜2016年）

〈IBGE（ブラジル地理統計資料院）資料より作成〉

アメリカ合衆国（9370万頭）を抜いて世界一の牛の飼育国です。

図2は、アマゾン各州の牛の飼育頭数を表した地図です。牛の飼育が盛んなのは、熱帯雨林気候とサバナ気候が混在するアマゾン南部、ブラジル高原北部の地域で、隣のボリビアやペルーにも広がっています。最も飼育頭数が多いのは、アマゾン川を南西にさかのぼった高原地帯のマットグロッソ州（3029万頭）でした。2000年には3位（1892万頭）でしたが、16年間で約1200万頭も増やしました。

2000年から2016年にかけて飼育頭数を500万頭以上増やしている州は3州で、いずれもアマゾン川の中流から上流部の州です。うち2州（マットグロッソ州、パラ州）が1000万頭以上増えています。逆に飼育頭数を減らしている州は7州で、南部のカンポセラードと呼ばれる草原地帯に集中しています。最も飼育頭数を減らしたサンパウロ州では、16年間で約206万頭減りました。この地域は、南のウルグアイからアルゼンチン北部にかけて肉牛の放牧が伝統的に行われてきた地域です。ブラジル国内の産地間の競争が激しくなる中で、大規模かつ低コストで牛を飼育する産地に押されて廃業ないしは規模縮小を迫られているか、飼育頭数を減らして肥育などで付加価値をつけることで差別化を図ろうとしていると考えられます。地理の授業ではブラジル産の牛肉を説明する際に、熱帯雨林を切り拓いて大量飼育される肉牛と、それを大量に買い付けて工業的に加工するハンバーガーチェーンをはじめとする外食産業との関係を取り上げることが多いのですが、「ブラジル産の牛肉」と一口に言っても、飼育方法や出荷先には地域的な多様性があるようです。

図3・4は、ブラジル産の牛肉の輸出先の変化を、重量で表したものです。ファーストフードチェーンをはじめとする外食産業との関係から、輸出先はアメリカ合衆国の占める割合が高いのではと推測しましたが、実際はそれほどでもありませんでした。ブラジル産牛肉の輸出先は、2000年代まではヨーロッパが中心で、近年はアフリカや中国への輸出が大きく伸びていることがわかります。輸出先の上位国を見てみると、2000年は1位オランダ、2位イタリア、3位スペイン、4位チリ、5位イギリスとヨーロッパ諸国が多く並びますが、2017年の順位は1位香港、2位中国、3位エジプト、4位ロシア、5位チリでした。香港への輸出は、2000年に1万1123トンだったのが、

02 増え続ける「アマゾン牛」飼育頭数世界一の背景

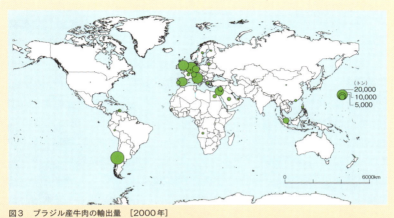

図3 ブラジル産牛肉の輸出量 ［2000年］

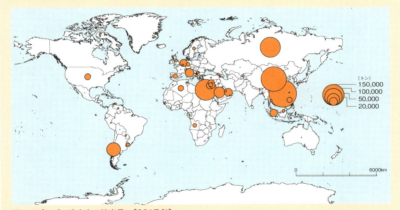

図4 ブラジル産牛肉の輸出量 ［2017年］

〈ABIEC（ブラジル産牛肉輸出業者協会）資料より作成〉

2017年には24万7000トンに、中国への輸出は2000年に373トンだったのが、2017年には21万3500トンになりました。中国をはじめ、発展著しい新興国における肉食の需要の高まりを受けて、ブラジル産の牛肉の輸出先が急拡大しているようです。ブラジル自体も発展著しいBRICsの一員であり、2億人の人口を抱える巨大市場を擁しています。

図5・6は、ブラジル産の牛肉の輸出額と輸出先を表わした地図です。2000年の時点で年間1億ドル以上の取引をした国はなく、最も取引の多かった国（オランダ）で約9838万ドルでした。2位がイタリア（約6010万ドル）、3位がスペイン（5409ドル）、4位チリ（約5378万ドル）、5位イギリス（4931万ドル）と、得意先はヨーロッパが中心です。ちなみに、アメリカ合衆国は41位（約120万ドル）でした。2017年になると、輸出先と輸出額が一変します。1位は香港（約10億2175万ドル）、2位中国（約9億3884万ドル）、3位イラン（約5億5925万ドル）、4位ロシア（約4億5219万ドル）、5位チリ（約2億7941万ドル）と、上位5か国が2億ドルを超えました。2000年に1位だったオランダは1億4365万ドル（9位）、2位だったイタリアは1億6329万ドル（8位）と、以前の上位国も輸入額を伸ばしていますが、それ以上の勢いで新興国での牛肉輸入が伸びています。

輸出額を輸出量で割った単価を見ると、1位がノルウェー（1kgあたり15.2ドル）でした。需要の多いヨーロッパ諸国を見ると、ドイツ（1kgあたり9.1ドル）、オランダ（8.4ドル）、スペイン（6.7ドル）と、1kgあたり5ドル以上であるのに対し、中国（4.4ドル）、香港（4.1ドル）、エジプト（3.5ドル）、フィリピン（3.0ドル）、タイ（1.9ドル）と、アジア・アフリカ諸国向けは低価格になっています。ちなみにアメリカ合衆国は1kgあたり4.2ドル、ロシアは同3.3ドル、日本は同4.1ドルでした。

経済成長に合わせて増え続ける肉への需要を背景に、牛の飼育頭数は増え、ともに餌の需要も高まります。ブラジル政府は正しい手続きの下で開拓された放牧地で育った牛の認証や、違法な開拓の取り締まりを強化するなどして、持続可能な開発を目指していますが、牛の増加と集中は勢いを増すばかりです。世界一の牛の飼育大国になったブラジルですが、環境と開発の両立に向けた苦悩はまだまだ続きそうです。

02 増え続ける「アマゾン牛」飼育頭数世界一の背景

図5　ブラジル産牛肉の輸出金額と輸出先　[2000年]

図6　ブラジル産牛肉の輸出金額と輸出先　[2017年]

〈ABIEC（ブラジル産牛肉輸出業者協会）資料より作成〉

03 広くなったパナマ運河
物流の変化と過熱する運河間競争

　2014年、パナマ運河は開通100周年を迎えました。1880年、フランス人実業家レセップスがこの地に運河を造ることを企画したものの9年後に挫折。事業を引き継いだアメリカ政府が、コロンビアから独立したばかりのパナマ共和国と協定を結んで1914年に開通させました。建設時から運河と周辺地帯はアメリカ合衆国領（運河の通行料金はパナマ政府の歳入）として管理されてきましたが、1999年12月31日正午をもって「運河地帯」がパナマ政府に返還され、名実ともにパナマの国有運河になりました。全長80km、世界の貨物輸送量の5％を占める国際運河です。100周年にあたり、パナマ政府はかねてから要望が高かった運河の大改修を行いました。2014年の運河開通100周年に合わせて開通を予定していましたが、用地買収が難航するなどして工事が遅れ、2016年6月26日に完成式典が行われました。

　図1は、パナマ運河の概観を表した図です。パナマ運河が通る「パナマ地峡」は全長約80kmで、中央部にパナマ運河を建設する際に造られた人造湖の「ガトゥン湖」があります。湖の標高は26mあり、運河を行く船舶は途中6か所の閘門を通り、階段を上り下りするような形で行き来をしなければなりません。

　図2は、新旧閘門の比較図です。船が閘門を通過する際は、上りと下り（太平洋方面からと大西洋方面から）で1隻ずつ入室し、船の前後の水門を閉めます。水路を上る（標高の高い場所に移動する）場合は、水を入れ、下る際には水を抜く作業をします。閘門内に入ることのできる船のサイズは決まっていて、今回の改修で以前より船幅が約17m、喫水深で約3m、全長で約71m大きな

03 広くなったパナマ運河 物流の変化と加熱する運河間競争

図1 パナマ運河の概観（青線が航行路。橙色の記号が閘門。黄色の記号が拡張された閘門。赤枠が拡張・新設された水路）〈パナマ運河公社（ACP）資料より作成〉　　© OpenStreetMap Contributors

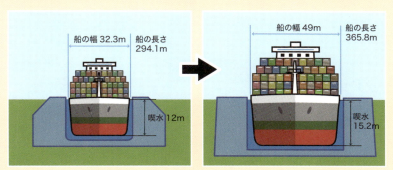

図2　旧パナマックスサイズ船と新パナマックスサイズ船の比較

船が通過できるようになりました。造船業界では、パナマ運河の旧閘門を通過できる大きさの船を「パナマックスサイズ」と呼び、国際航路を行く貨物船の標準サイズとしてきました。それ以上大きな船（スーパーパナマックスサイズ）の船は、アジアとアメリカ西海岸などの航路を行き来し、荷物を大陸横断鉄道に乗せ替えてきましたが、それらの大型船が直接アメリカ東海岸に行けるということで、アジアと北米の間の物流の改善が期待されています。また、これまでパナマ運河を通過できなかった大型のLNG（液化天然ガス）輸送船が航行できるようになり、アメリカ中西部のシェールガスを日本や中国に向けて効率的に輸出するルートとしても注目されています。

　図3は、パナマ運河を利用する船舶の航路を表したものです。拡張工事完了前の旧「パナマックスサイズ」船のデータですが、アジア発アメリカ東海岸行きの航路が、パナマ運河通行船舶の35％を占めています。運河の拡張前と拡張後の各航路の通航量の増減を見てみると（表1）、アジアと北米東海岸を結ぶ路線は大きく伸びている一方で、他の航路の輸送量はそれほど伸びていないことがわかります。

　2007年に「新パナマ運河」の着工が始まって以後、パナマ政府は断続的に通行量の値上げを行ってきました。船種によっては倍以上の値上げになっているものもあるそうです。こうなると、多少距離は長くなりますが、アメリカ東海岸から大西洋、スエズ運河経由を経由してアジアを目指す方が安く済む場合もあるようです。実際、アメリカ東海岸―アジア航路に占めるスエズ運河経由のシェアは2008年に15.4％だったものが、2013年には36.5％にまで伸びました[1]。また隣国のニカラグアでは中国の支援を受けて「ニカラグア運河（第二パナマ運河）」が2014年に着工されました。

　総額52億5000万ドル（約5650億円）の投資がなされたパナマ運河の拡張ですが、費用対効果はあるのか、建設費用を回収できるのか、今後の展開に注目したいところです。

1) 松田 琢磨（2014）「パナマ運河通航料値上げの影響分析」，日本海事新聞1401.
　（http://www.jpmac.or.jp/img/research/pdf/B201420.pdf）

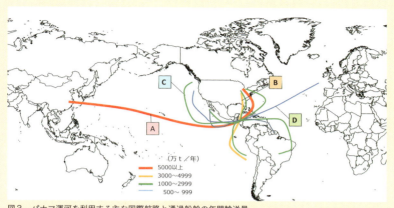

図3 パナマ運河を利用する主な国際航路と通過船舶の年間輸送量

	ルート名	通過船舶の総トン数（万トン）		
		2016年（拡張前）	2017年（拡張後）	増減率（％）
A	アジア— アメリカ東海岸線	6419.3	14637.8	56.1
B	アメリカ東海岸— 南米西海岸線	3487.9	3407.8	−2.4
C	アメリカ東海岸— アメリカ西海岸線	1382.5	1374.4	−0.5
D	ヨーロッパ— アメリカ西海岸線	1231.8	1385.8	11.1

表1 パナマ運河の拡張前と拡張後の航路別通過船舶の増減（A～Dは図3の航路に対応している）

〈パナマ運河公社（ACP）資料より作成〉

第5章 南アメリカを地図化する

04 アルゼンチン「大豆戦争」
遺伝子組み換え作物の恩恵と代償

　世界の農産物統計で、アルゼンチンが上位に出てくる作物に、大豆とトウモロコシがあります。ともにアメリカ合衆国が圧倒的なシェアを占めていますが、それに対抗するだけの生産高をブラジルとともに上げています。なぜアルゼンチンで大豆の生産が盛んなのか。肉牛の飼育も多いので、飼料用の作物というイメージが強いですが、調べてみると大部分が輸出に回され、その歴史も比較的新しいということがわかりました。今も急速な勢いで大豆の生産が伸びていますが、その陰では新たな品種と大規模栽培で既存の農業を破壊する大資本と、それに激しく抵抗する既存の農家との「戦争」と言えるほどの激しい対立が起きています。

　図1は、南米大陸における大豆産地の分布を示した地図です。大豆の産地はブラジルからアルゼンチンにかけて地続きになっています。図2は、南米各国の大豆収穫量と栽培面積の増減を示した地図です。世界最大の大豆生産国はアメリカ合衆国（世界シェアの34％、2016年）ですが、ブラジル（世界第2位）、アルゼンチン（世界第3位）、パラグアイ（世界第5位）の大豆収穫量を合計すると、世界シェアの51％を占めます。ブラジルでは、熱帯林が切り拓かれ放牧地や大豆畑が拡大していますが、アルゼンチンやボリビア、パラグアイではそれを上回るペースで拡大しています。アルゼンチンの大豆収穫量は年間5339万トン（2016年）で、日本の230倍の規模になります。

　このように、世界的な大産地であるアルゼンチンの大豆ですが、栽培が盛んになったのは第二次世界大戦後のことです。1950年代から、隣国ブラジルで大豆の栽培奨励キャンペーンが始まり、製油工場や豆乳の製品化が進ん

04 アルゼンチン「大豆戦争」 遺伝子組み換え作物の恩恵と代償

図1 南米大陸の主な大豆栽培地域（黄色部分）と生産国
〈Australian Centre for International Agricultural Research 2014 "Soybean —a new crop in the new lands of South America". より作成〉

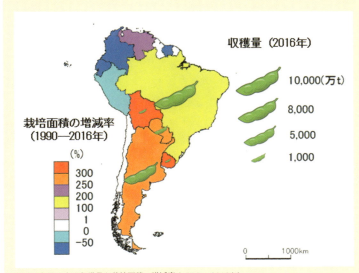

図2 各国の大豆収穫量と栽培面積の増減率（1990～2016年）
〈FAO（国連食糧農業機関）"FAOSTAT" より作成〉

だ影響を受けて、1970年代にはアルゼンチン北部でも大豆の栽培が行われるようになりました。しかし、アルゼンチン国内では肉牛の飼育が盛んで、食品としての需要は伸びず、収穫された大豆はもっぱらヨーロッパ向けの原材料品として輸出されていました。それでも政府は「セラード」と呼ばれる乾燥した荒地でも育ち、土壌改良効果がある作物として、大豆の栽培を奨励してきました。

状況が大きく変わったのは、1990年代に入ってからです（図3）。アメリカの育苗会社が遺伝子組み換え技術を使った新しい品種を開発し、1991年にアルゼンチン政府が世界に先駆けてそれを承認したからです。2000年頃から中国が大豆の輸入国に転じたこと、新興国の所得水準が上がる中で食用油や家畜の飼料としての大豆かすの需要が高まったことの影響もあり、世界のアグリビジネスがアルゼンチンに集まりました。導入された遺伝子組み換え大豆は、「HT」(Herbicide Tolerant) と総称される品種で、除草剤への耐性が非常に強いのが特徴です。

図4は、南米諸国における遺伝子組み換え大豆の栽培面積の推移です。1996年に10万ha（全大豆栽培面積の1.6％）から始まった遺伝子組み換え大豆の畑は、翌1997年には140万ha（同21.9％）になりました。2000年に1000万ha（100％）に達して以来、アルゼンチンでは、遺伝子組み換え大豆がほぼ100％栽培されています。2003年に栽培を承認したブラジルでは300万ha（16.1％）でしたが、2009年に栽培面積でアルゼンチンを抜きました。ブラジルも、現在は遺伝子組み換え大豆をほぼ100％栽培しています。

アルゼンチン政府は2016年に、基本栄養バスケット（日本の生活保護にあたる）の受給者が人口の30.3％に達し、870万人が貧困状態にあると発表しました。地方の中小農民の中で貧困に陥る人が増えています。除草剤の空中散布で健康を害して土地を離れざるを得なくなった人々は、農薬会社や政府を相手取った訴訟を起こし、大規模なデモも相次いでいます。

牧畜から遺伝子組み換え大豆へ、国策的に進められたアルゼンチンの農業改革は、「大豆戦争」と呼ばれるほどの深刻な対立をもたらしています。

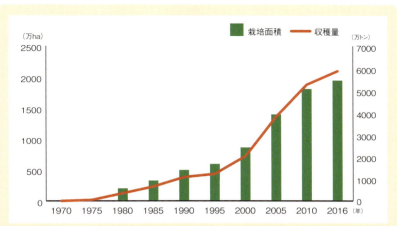

図3　アルゼンチンの大豆栽培面積と収穫量の推移〈FAO（国連食糧農業機関）"FAOSTAT"より作成〉

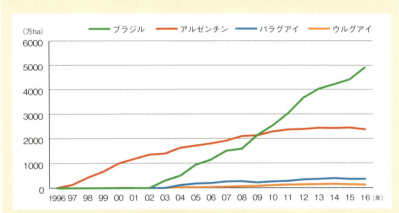

図4　南米各国の遺伝子組み換え作物の栽培面積の推移
　　　〈バイテク情報普及会 Web サイト「世界での栽培状況（https://cbijapan.com/about_use/cultivation_situation/）」より作成〉

column ❺
ブラジルタウン・浜松

　1990年の入管難民法の改正で、3世までの日系人に就労制限のない在留資格が認められ、製造業の街に「ブラジルタウン」が相次いで誕生しました。市町村別のブラジル国籍の住民の数を2007年と2018年で比較してみると（図1・図2）、静岡県西部から愛知県にかけて人口が多い地域が集まっていることがわかります。ただ、ブラジル人の人口自体は減少しており、ブラジル人が日本一多かった浜松市は、2007年の1万9402人から2018年には9758人と、半分近く減少しました。しかしながら現在も愛知県豊橋市（7820人：2位）、静岡県豊田市（6464人：3位）、静岡県磐田市（4627人：4位）と、上位4位までが浜松市周辺です。

　2020年の東京オリンピック・パラリンピックでは、浜松市はブラジル代表のベースキャンプ地として名乗りを上げ、市長自らブラジルを訪問して積極的に誘致活動を行ってきました。野球・ゴルフ・新体操・柔道・ボート・ラグビー・卓球の7競技でブラジル代表が浜松で事前合宿を行います。両国の交流には、浜松で生まれ、日本の教育を受けた日系ブラジル人の若い世代が大きく貢献しています。柔道のナショナルチームは2017年から年2回、浜松で合宿を行っており、地元の高校生や警察官との合同稽古で汗を流しています。

　「出稼ぎ外国人」から「世界とつながる隣人」へ。浜松の今後に注目したいところです。

図1　市町村別ブラジル国籍住民の数（2007年）
〈法務省「在留外国人統計」より作成〉

図2　市町村別ブラジル国籍住民の数（2018年）
〈出典：図1に同じ〉

第6章
オセアニアを地図化する

01 オーストラリアの小麦
「讃岐うどん」は大丈夫？

　チェーン店が浸透し、今やすっかり全国区となった「讃岐うどん」。原材料の小麦の多くはオーストラリア産です。オーストラリアの小麦と言えば、地理の教科書ではメルボルンからアデレードにかけての「マレー・ダーリング盆地」の灌漑が有名ですが、特にうどんに関しては、パースを中心とした西オーストラリア州産が圧倒的に多いようです。

　図1は、オーストラリアにおける州別の小麦収穫量と生産性を表した地図です。小麦の栽培が盛んな地域は、南回帰線よりも南側で、アデレードからメルボルンにかけての地域と、グレートディヴァイディング山脈の西側の地域、および西オーストラリア州に分かれます。

　東側の北部で栽培される小麦は、パンの原料となる硬質種（ハード）が多く、南部のマレー・ダーリング盆地や西オーストラリアでは、薄力粉の原料となる「オーストラリアン・プレミアムホワイト」（APW）と呼ばれる種類が多く生産されています。西オーストラリア産のAPWは、麺類に加工されることを想定したブレンドがなされ、主にうどんや中華麺の材料として、日本や東南アジアに輸出されています。

　オーストラリアは国土の18％が砂漠で、7割が乾燥帯の気候に属します。オーストラリアで小麦栽培が盛んな場所の年間降水量は400〜600mm程度です。特に、南半球の冬である12月から2月の夏のシーズンにはほとんど雨が降りません。近年、オーストラリアでは深刻な降水不足に見舞われ、小麦の産地に深刻な影響を与えています。

　図2は、2004年から2017年までの小麦の収穫量の推移です。西部のウエ

01 オーストラリアの小麦 「讃岐うどん」は大丈夫?

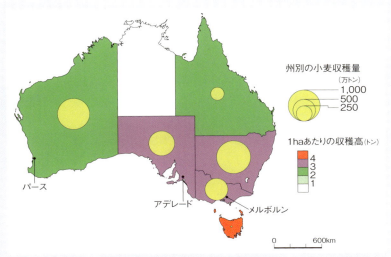

図1 オーストラリアの州別小麦収穫量と1haあたりの収穫量 (2016年)

図2 上位2州の小麦収穫量および1haあたり収穫量の推移

〈オーストラリア政府農業・水資源局 (ABRES) 資料より作成〉

スタンオーストラリア州と、東部のニューサウスウェールズ州のデータを比較しました。2007年から2008年にオーストラリアは「ミレニアム干ばつ」に襲われ、連続的な降水量不足に見舞われました。そのため、両州とも収穫量を大きく減らしていますが、ニューサウスウェールズ州の減少幅のほうが大きくなっています。2011年にはニューサウスウェールズ州が豊作だった一方で、ウェスタンオーストラリア州は不作、2012年にはその逆になるなど、近年も収穫が安定していません。

　オーストラリア産の小麦の約70％は輸出に回されます。栽培地域によってパン用の小麦、麺類用の小麦と棲み分けていることは先述した通りですが、輸出先は多様化しています。

　図3・4は、オーストラリア産の小麦の輸出先を表した地図です。2003年の輸出先上位5か国は、1位インドネシア（265万トン、総輸出量に占めるシェア27.7％）、2位エジプト（253万トン、同26.5％）、3位日本（125万トン、同13.0％）、4位イラク（111万トン、同5.3％）、5位中国（76万トン、同7.9％）で、輸出相手国は11か国でした。2016年になると輸出相手国は23か国に増え、輸出総量も564万トンから1418万トンと倍以上になりました。輸出相手国の内訳は、1位インドネシア（368万トン、総輸出量に占めるシェア25.7％）、2位中国（137万トン、同9.6％）、3位ベトナム（132万トン、同9.4％）、4位韓国（120万トン、同8.5％）、5位イエメン（92万トン、同6.5％）でした。日本向けは6位で輸出量は89.9万トン（同6.3％）と、2003年よりも35万トン減っています。人口が増え続け、経済発展が著しい中国やASEAN諸国でオーストラリア産小麦の輸入が増えています。背景には、経済発展に伴って食の洋風化が進み、外食の機会が増えたことがあると考えられます。例えば、ファストフードのハンバーガーやコンビニで売られるサンドウィッチ、フライに使う小麦粉やパン粉、屋台や飲食店の麺類などです。

　収穫量が不安定であるにもかかわらず、国際的な需要が高まっているオーストラリア産小麦は、今後価格の高騰が予想されます。干ばつによる不作が起こり、アジア諸国との買い付け競争に敗れれば、日本で気軽にうどんやラーメンを食べられなくなる日が来るかもしれません。

01 オーストラリアの小麦「讃岐うどん」は大丈夫？

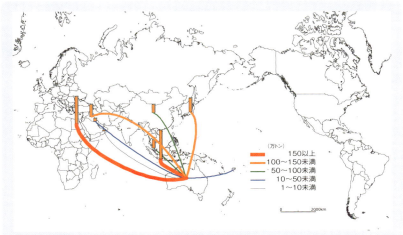

図3　オーストラリア産小麦の輸出先（1万トン以上）　[2003年]

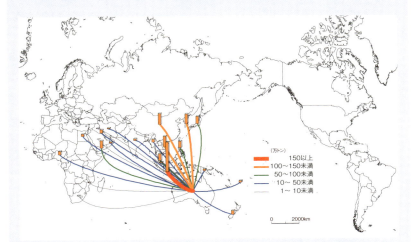

図4　オーストラリア産小麦の輸出先（1万トン以上）　[2016年]

〈オーストラリア政府農業・水資源局（ABRES）資料より作成〉

02 「羊の島」から「乳牛の島」へ
ニュージーランドの戦略的牧畜

　「人の数よりも羊の数のほうが多い」とは、ニュージーランドを形容する際の定番の表現ですが、そのニュージーランドの羊をめぐる環境が静かに変わりつつあるようです。ニュージーランドは人口が479.4万人（2017年）に対して羊は2758万頭と、確かに羊のほうが多いのですが、羊の頭数は1980年をピーク（7030万頭）に年々減り続けています。

　図1は、ニュージーランドの行政区分ごとの羊の飼育頭数と近年の減少の割合（2002年と2016年の比較）を表した地図です。2002年に最も羊を多く飼っていたのは南島のカンタベリー地方（775.8万頭）ですが、2016年には485.5万頭にまで減りました（増減率－40.9%）。2016年に最も羊を多く飼っていた北島のオタゴ地方でも約481万頭（2002年：612万頭）と、100万頭以上羊が減っています。減少率が最も高かったのが西隣のウエストコースト地方で、2002年に9万2000頭いた羊が2017年には2万3000頭にまで減りました（増減率－75.1%）。

　ニュージーランドは、北島、南島ともに島の中央部に山脈があり、海からの偏西風を受け止める地形になっているため、西側は降水量が多く、東側は比較的乾燥します。平地が多く気候が温暖で人口が集中している北島や南島の西海岸で酪農、乾燥する南島の東海岸で牧羊と棲み分けられてきましたが、南島東側の羊の頭数は急減しており、牧羊の中心は北島の東側に移りつつあることが地図から読み取れます。

　急激に飼育頭数を減らしている羊に対して、牛の飼育頭数は年々増加しています。ニュージーランド全島の乳牛飼育頭数は1985年に792万頭でした

02 「羊の島」から「乳牛の島」へ ニュージーランドの戦略的牧畜

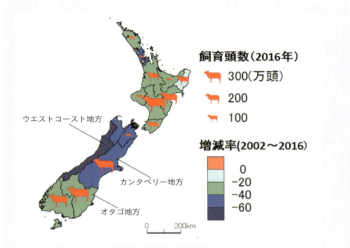

図1　ニュージーランドの地域別家畜の飼育頭数と増減［羊］

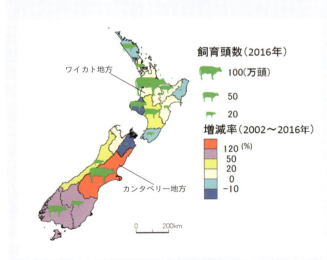

図2　ニュージーランドの地域別家畜の飼育頭数と増減［乳牛］

〈"StatsNZ"より作成〉

が、1995年に927万頭、2016年には1004万頭に増えました。そのうち、乳牛が661万頭、肉牛が353万頭と、乳牛のほうが多く飼育されています。

　図2は、ニュージーランドの行政区分ごとの乳牛の飼育頭数と増減、図3は、肉牛の飼育頭数と増減を表した地図です。乳牛の飼育頭数が最も多いのが北島のワイカト地方で、飼育頭数は185万5000頭、2002年から19万頭（11.5％）増えました。乳牛飼育頭数の伸び率が最も高かったのが、羊の減少の統計で上位だったカンタベリー地方で、飼育頭数は2002年の54万2000頭から2016年には127万1000頭にまで伸びました。

　肉牛（図3）は全体を通じて減少し、特に北島で飼育頭数を大きく減らしています。肉牛を減らし、乳牛の飼育頭数を増やしている地方が多く、特に南島でその傾向が強く見られます。南島の最南端のサウスランド地方では、肉牛の飼育頭数が2002年の20万3000頭から2016年の16万9000頭に減少する一方で、乳牛の飼育頭数が35万6000頭から70万9000頭とほぼ2倍になりました。乳牛の飼育頭数の伸びが大きいカンタベリー地方でも、肉牛の飼育頭数は50万5000頭から46万5000頭に減っています。

　なぜニュージーランドで羊や肉牛の頭数が大幅に減少し、乳牛の頭数が増加しているのでしょうか。背景には、農産物の国際競争があります。人口が少なく、国内市場の拡大にも限界があるニュージーランドでは、農産物の輸出依存度が高いため、新しい生産地の登場や、価格競争に対して敏感に反応していると考えられます。

　図4は、主な羊毛生産国の羊の飼育頭数の推移のグラフです。1990年に最も飼育頭数が多かったのはオーストラリア（1702万頭）ですが、2000年には中国に抜かれ、2016年には675万頭になりました。対して中国は1990年に1112万頭だったのが、2016年には1620頭に伸びています。人件費の安さ、製品加工工場への輸送コストの安さ（国内移動で済む）、量販店で販売される安い羊毛製品（スーツやセーターなど）の需要の高まりを受けて、中国での羊毛生産が急速に伸びたものと考えられます。より安く、より大量に供給可能な新しい産地（輸出元）が登場し、価格競争が発生する中で、既存の羊毛産地は打撃を受けます。ただ、ヨーロッパの主要羊毛生産国であるイギリスやスペインよりも、大市場から遠いオーストラリアやニュージーランドの方が飼育頭数の減少幅が大きく、影響は大きいと思われます。飼育頭数を減らし

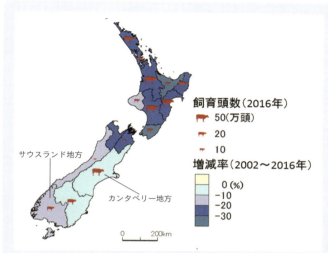

図3　ニュージーランドの地域別家畜の飼育頭数と増減　[肉牛]
〈"StatsNZ"より作成〉

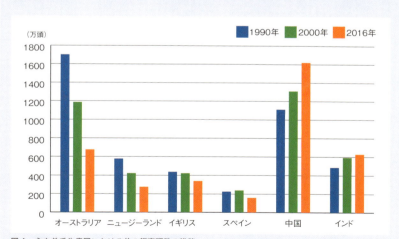

図4　主な羊毛生産国における羊の飼育頭数の推移
〈FAO（国連食糧農業機関）"FAOSTAT"より作成〉

ても、高級品の生産に特化させることができるヨーロッパの産地よりも、大量生産大量供給で安価な羊毛を市場に供給してきたオーストラリアやニュージーランドのほうが、中国製品の攻勢や相場の下落の影響を受けやすかったのではないかと思われます。

　厳しい競争にさらされるのは羊毛だけではありません。ニュージーランド農務省によると、羊肉の40％をEU諸国へ、牛肉の48％をアメリカへ輸出（2016年）していますが、ブラジルの項で見たように、世界的な食肉需要（とりわけ低価格・大量供給へのニーズ）に対応しきれずに廃業や転業を迫られる生産者も少なくないのではないかと思われます。

　羊毛や牛肉が厳しい国際競争にさらされて苦戦を強いられている一方で、比較的好調なのが、乳製品の輸出です。ニュージーランドの乳製品輸出額は、年間45億1181万ドル（2016年）で、ドイツ（67億32万ドル）、フランス（46億3213万ドル）に次いで世界第3位です。

　図5は、乳製品の輸出が盛んな国の輸出額、製品の内訳を表した地図です。ヨーロッパの国々がチーズを中心に輸出しているのに対して、ニュージーランドはバターや粉乳の割合が高くなっています。ニュージーランドは、チーズの輸出額では世界第7位（10億6089万ドル、2016年）ですが、バターの輸出額は世界第1位（18億2364万ドル、2016年）、粉乳は世界第2位（16億2705万ドル、2016年。1位はアメリカ）です。

　図6は、ニュージーランド産の乳製品の輸出先と製品の内訳を示したグラフです。最も輸出額が多い粉乳は中国向けの輸出が大半を占め、チーズは中国、オーストラリア、日本などに輸出されています。急速な経済発展を遂げている中国ですが、食の安全性の確立が課題になっています。特に乳幼児向けの粉乳に関しては、近年大規模な偽装・中毒事件があったこともあり、外国産（日本産・ニュージーランド産）の需要が高くなっています。

　ニュージーランドの農産品の輸出マーケティング戦略は、周辺の国々の経済発展や環境の変化に合わせて巧妙に行われているようです。

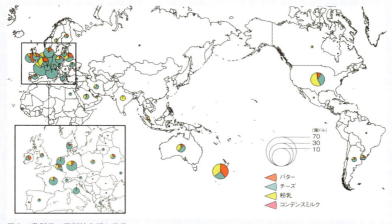

図5 乳製品の国別輸出額と品目

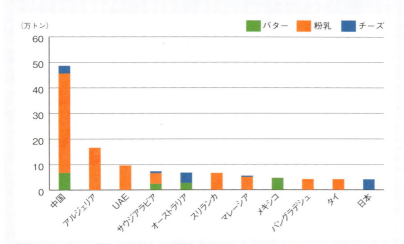

図6 ニュージーランドの乳製品輸出先と製品の内訳（2016年）

〈FAO（国連食糧農業機関）"FAOSTAT"より作成〉

03 紙にされる原生林
タスマニア島の開発と森林破壊

　オーストラリア大陸の南、南緯40度（北緯40度は仙台あたりです）の緯線を挟んで南に浮かぶタスマニア島は、面積が6万8400 km²で、北海道の8割ぐらいの大きな島です。夏は冷涼、冬は暖流の影響で暖かく、偏西風による雨が多い典型的な西岸海洋性気候であり、ヨーロッパの内陸部と同じく豊かな森林に恵まれています。長い間手つかずであった原生林ですが、現地の産業振興政策の下、製紙原料として開発が進められています。

　伐採・開発側は、単なる森林破壊とは違い、植林を伴いながら「環境に配慮した」「持続可能な」森林資源の開発であると強調し、新規植林に伴う二酸化炭素の排出権の獲得とその転売効果も認められ、一石二鳥のビジネスであると自賛していますが、根強い反対運動も展開されており、開発反対派はデジタル地図を駆使したPR活動を展開しています。タスマニアの森林開発に疑問を呈する環境保護団体のサイトが提供するKMLファイル（Google Earth用のデータ）から、紙にされていく原生林の実態を見たいと思います。

　図1は、Google Earthで見たタスマニア島の全体図です。島の海岸に沿う形で何か所か赤い印が打たれていますが、これは伐採した木材を細かく砕いてウッドチップにするパルプ工場の位置を示しています。図2は、その中で最も規模の大きな工場を拡大したものです。海岸沿いにウッドチップの山があり、工場との間はパイプでつながっています。砕いたウッドチップを送風管で飛ばして積み上げる仕組みです。船が横付けされると、同じように集塵機で吸い上げて船倉に積み込みます。

　タスマニアの「森林資源開発」には賛否両論があります。州政府や開発を

03 紙にされる原生林 タスマニア島の開発と森林破壊

図2の場所

図1　タスマニア島のパルプ工場の分布　　　　　　　　　　　　© Google

図2　タスマニア島のパルプ工場　　　　　　　　　　　　　　© Google

〈"Tasmanian clear fell logging exposed"（http://www.oren.org.au/oren/gunns.htm）より作成〉

行っている Gunn 社は正統な手続きと環境アセスメントに基づいた開発行為であり、十分な植林活動を行っていると主張しています。それを汲んでか、このサイトでも、州政府が定めた森林利用の保護区や利用許可地域を示す規制図を挙げています（図3）。森林区域を保護区（緑）、植林区（橙：成長の早いユーカリを植えて再び製紙原料とする）、原状回復（桃：伐採後、自然林に戻すための手配を行う）、その他（黄：特に規制は設けない）に分けています。それぞれの色のエリアを拡大してみると、例えば植林区のところには、明らかに他と違う植生の樹木が整然と植えられています（図4）。しかし、このような規制がかかる以前に広範囲に伐採されてしまったような場所も多く見られます。森林が不自然に刈り取られ、青々とした芝生のような土地が広々と広がっている光景は、植民地時代の本国イギリスと同じです。

　規制もかけずに乱伐されてしまうよりは、規制をかけて、ライセンスを得た企業に計画的に森林を利用させるほうが得策と言えるかもしれません。ただ、遥か遠くの国の紙の需要を満たすために数百年も生きてきた自然林を虫食いのように破壊するのもどうかという考えもありますし、伐採した後、まったく植生の違う人工林にすることの是非もあります。私たちも、日本でオフィス用紙や印刷物を使う際、何らかの形でタスマニアの樹木のお世話になっているかもしれません。この紙はどこから来たのか、オーストラリアと私たちの暮らしの接点を考えるきっかけになる地図ではないかと思います。

03 紙にされる原生林 タスマニア島の開発と森林破壊

図3　森林保護区と伐採区域の処理区分規制図（緑：保護区、橙：人工植林、桃：原状回復、黄：その他）
© Google

図4　伐採地と植林地（橙の線の内側が植林された場所）
© Google

〈"Clear fell logging Tasmania exposed"（http://www.oren.org.au/oren/tassi.htm）より作成〉

04 南極は、我が領土
「主張凍結」解除へのカウントダウン

　東アジアからぐるりと世界を回ってきたこの本も、最後は南極で締めたいと思います。

　南極大陸は、現在はどこの国の領地にもなっていませんが、周辺のいくつかの国が領有権を主張しています。現在は、領有権の主張や実効支配するための一切の行為（軍事的行為を含む）は、1959年に締結された「南極条約」で事実上「凍結」されています（1961年6月23日発効）。「凍結」の有効期限は30年間とされ、1991年6月23日に期限を迎えましたが、特に失効を望む声もなく、そのまま延長されて今日に至ります。加盟国のうち、どこかの国が無効を訴えれば凍結は解除され、領有権交渉が再開される状況にあります。

　南極条約の締結国は43か国ありますが、加盟国の立場によっていくつかのグループに分かれています（図1）。まず、条約の締結前から南極の領有権を主張してきた国（7か国）、いわば中核メンバーです（図2）。この7か国は、20世紀初頭から南極への探検隊を出してきた歴史があることと、「近海に領土を有している」ことを根拠に領有権を主張しています。オーストラリア、ニュージーランドなどは当然として、イギリスやフランスもそうですが、ノルウェーに「近海」領土があるのかについて疑問に思うかもしれませんが、「ブーベ島」という無人島を南極近くに領有しています。他に、領有権は主張しないが観測隊などを送る調査活動や科学研究を行う国々や、南極近海での資源獲得（地下資源や漁業資源）の意思がある国々が参加し、「凍結解除」後の開発に向けた話し合いを持っています。

　図3は、南極大陸において埋蔵が確認されている地下資源の分布図です。

04 南極は、我が領土 「**主張凍結**」解除へのカウントダウン

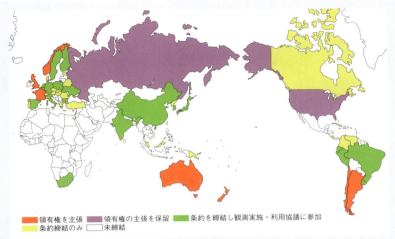

■ 領有権を主張　■ 領有権の主張を保留　■ 条約を締結し観測実施・利用協議に参加
■ 条約締結のみ　□ 未締結

図1　「南極条約」の締結国と条約への関わり（2016年現在）
〈環境省「南極の自然保護と環境保護－南極条約締結国」より作成〉

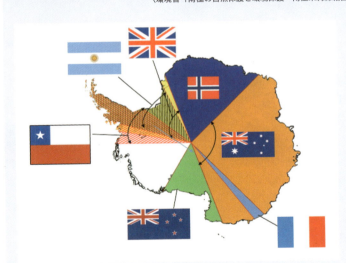

図2　南極大陸の領有権を主張する国と範囲
〈イギリス南極調査局（British Antarctic Survey）資料より作成〉

特に注目されているのが、ニュージーランドの領有権主張域内にある「ロス海」にある海底油田の存在です。厚い氷河に覆われていますが、大陸上の氷床よりは薄く、ここをくり抜いて海底に達することができれば有望な油田になると考えられています。地球温暖化で南極の氷が融けやすくなり砕氷船の運行もしやすくなる中で、本格的な開発に向けた探査が進む可能性があります。ただし環境への悪影響が懸念されます。南極条約締結国では、1991年に科学的調査以外の鉱物資源の採掘活動を向こう50年間禁止する議定書を結びました。この議定書が効力を失う2040年代初頭、南極の資源開発は大きく動き出すかもしれません。

　「南極条約」は万能ではありません。条約に加盟していない国のほうが圧倒的多数だからです。条約をまったく無視して軍事的占領や資源探査が行われる可能性は限りなく低いですが、今後新たな国が南極での権益を求めて領有権を主張し、「凍結」された南極利用の交渉の再開を求めるかもしれません。

　図4は、アメリカのジャーナリスト、フランク・ジョコブ氏が検証した「領有権の主張をする権利があるかもしれない国」を地図化したものです。南極条約で、領有権を主張する権利を持つ国を決めるにあたり、イギリスは「自国の領土から途中で他国の領土を経ることなく南極に到達できる国」という定義を示しました。イギリスはフォークランド諸島をはじめ、南極近海に自国の領土を保有しているのでこれに該当します。ただ、その際に、南極大陸からの距離に関しては一切注釈を入れなかったので、考え方によっては北半球の国でも（例えばグリーンランドを領有するデンマークでも）南極の領有権を主張できるという論理が成り立ちます。氏は2010年に「イランが南極の領有権を主張するには？」というタイトルの記事をWebマガジン上で発表し、該当する国が47か国あることを示しました。

　南極条約は交渉が凍結された状態が続いていますが、実際は「薄氷を踏む」状態です。そう遠くない将来、熾烈な領有権交渉が再開され、南極の地図が大きく描き変えられることになるかもしれません。

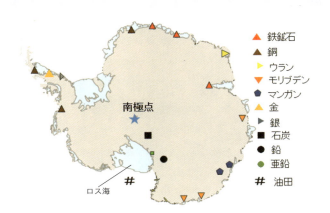

図3　埋蔵が確認されている地下資源の分布　〈"Discovering Antarctica" より作成〉

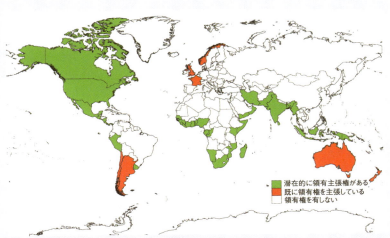

図4　南極の領有権を主張する国および潜在的領有権を有する国
〈FRANK JACOBS (2010) "How Iran Could Claim a Slice of Antarctic？" より作成〉

column 5

キャッサバとタピオカ

　甘いドリンクに入れて太いストローで飲む「タピオカ」の原料は、キャッサバ芋のでんぷんです。キャッサバ芋の生産とタピオカの貿易を調べてみました。
　図1は、アジア・アフリカ地域のキャッサバの生産量を見たものです。最も多い国がナイジェリア（5956万トン）で、第2位がコンゴ（3402万トン）、第3位がタイ（3116万トン）でした。生産量の伸び率では、ラオス（17.4万トン→241万トン）が最も高く、カンボジア（218万トン→983万トン）、コンゴ（1498万トン→3402万トン）も高くなっています。
　図2は、日本のタピオカの輸入量と輸入先を見たものです。2009年以後、台湾がタイを追い抜き、2016年以後に輸出を急増させています。台湾のキャッサバの生産量は1.4万トン（2016年）と、世界の生産量から見るとごくわずかです。日本向けのタピオカの輸出額は2008年の1904万円から2016年の1億1085万円、2018年には5億9793万円にまで伸びました。輸出を急増させた背景には、輸入原材料を加工した冷凍タピオカが売れているためです。「本場台湾産」タピオカは、ブームとともにシェアを伸ばし続けています。

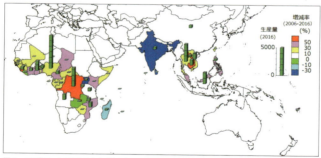

図1　アジア・アフリカにおけるキャッサバの国別生産量と増減（2006～2016年）
〈FAO（国連食糧農業機関）"FAOSTAT"より作成〉

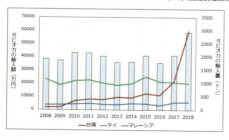

図2　日本のタピオカ製品の輸入量及び国別輸入額の推移
〈財務省「税関統計」より作成〉

第6章　オセアニアを地図化する

◎参考文献

○第1章　アジアを地図化する
高橋五郎（2009）『農民も土も水も悲惨な中国農業』，朝日新書，253頁。
柳京熙，姜 暻求（2009）『韓国園芸産業の発展過程』，筑摩書房，156頁。
涂照彦（2000）『台湾の選択：両岸問題とアジアの未来』，平凡社新書，266頁。
野嶋剛（2016）『台湾とは何か』，ちくま新書，272頁。
柴田明夫（2014）『中国のブタが世界を動かす』，毎日新聞社，208頁。
赤松美和子，若松大祐（2016）『台湾を知るための60章』，明石書店，384頁。
安里昌利（2018）『未来経済都市沖縄』，日本経済新聞出版社，208頁。
高良倉吉（2017）『沖縄問題―リアリズムの視点から』，中公新書，231頁。
屋嘉宗彦（2016）『沖縄自立の経済学』，七つ森書館，239頁。
内田道雄（2016）『燃える森に生きる―インドネシア・スマトラ島紙と油に消える熱帯林』，新泉社，192頁。
押川文子・宇佐美好文編（2015）『激動のインド〈第5巻〉暮らしの変化と社会変動』，日本経済評論社，278頁。
坂本勉（2000）『イスラーム巡礼』，岩波新書，220頁。
野町和嘉（2002）『カラー版メッカ―聖地の素顔』，岩波新書，188頁。

○第2章　アフリカを地図化する
諏訪兼位（1997）『裂ける大地アフリカ大地溝帯の謎』，講談社選書メチエ，256頁。
諏訪兼位（2003）『アフリカ大陸から地球がわかる』，岩波ジュニア新書，200頁。
「NHKスペシャル」取材班（2011）『アフリカ―資本主義最後のフロンティア』，新潮新書，251頁。
池上彰（2013）『池上彰のアフリカビジネス入門』，日経BP社，312頁。
平野克己（2013）『経済大陸アフリカ』，中公新書，286頁。
野村修一，James Kuria（2014）『最後の市場アフリカ』，日本実業出版社，222頁。
ムウェテ・ムルアカ（2015）『中国が喰いモノにするアフリカを日本が救う―200兆円市場のラストフロンティアで儲ける』，講談社＋α新書，192頁。

○第3章　ヨーロッパを地図化する
加藤雅彦（1999）『ライン河―ヨーロッパ史の動脈』，岩波新書，201頁。
麻井宇介（2001）『ワインづくりの思想』，中公新書，329頁。
島村英紀（2001）『地震と火山の島国―極北アイスランドで考えたこと』，岩波ジュニア新書，195頁。
村上義和（2013）『イタリアを知るための62章【第2版】』，明石書店，320頁。
遠藤乾（2016）『欧州複合危機―苦悶するEU、揺れる世界』，中公新書，294頁。
伊藤武（2016）『イタリア現代史―第二次世界大戦からベルルスコーニ後まで』，中広新書，305頁。
墓田桂（2016）『難民問題―イスラム圏の動揺、EUの苦悩、日本の課題』，中公新書，246頁。
アンドリ・S・マグナソン，森内薫 訳（2016）『よみがえれ！夢の国アイスランド―世界を救うアイデアがここから生まれる』，日本放送出版協会，305頁。

○第４章　北アメリカを地図化する
川島浩平，島田法子，小塩和人，谷中寿子編（1999）『地図でよむアメリカ—歴史と現在』，雄山閣出版，229頁。
篠原健一（2014）『アメリカ自動車産業』，中公新書，216頁。
金成隆一（2017）『ルポトランプ王国—もう一つのアメリカを行く』，岩波新書，272頁。
金成隆一（2018）『記者、ラストベルトに住む—トランプ王国、冷めぬ熱狂』，朝日新聞出版，343頁。
飯野正子，竹中豊編『現代カナダを知るための57章』，明石書店，372頁。

○第５章　南アメリカを地図化する
西沢利栄（2005）『アマゾンで地球環境を考える』，岩波ジュニア新書，178頁。
国本伊代編（2011）『現代メキシコを知るための60章』，明石書店，308頁。
マリー＝モニク・ロバン（2015）『モンサント—世界の農業を支配する遺伝子組み換え企業』，作品社，565頁。
松井恵子（2016）『パナマ歴史と地図で旅が10倍おもしろくなる』，三冬社，246頁。

○第６章　オセアニアを地図化する
片平博文（1995）『サウスオーストラリアの農業開発—小麦栽培地域の歴史地理』，古今書院，324頁。
井田仁康（1996）『ラブリーニュージーランド—自然と人間の生活』，二宮書店，201頁。
荒木和秋（2003）『世界を制覇するニュージーランド酪農—日本酪農は国際競争に生き残れるか』，デーリィマン社，169頁。
宮本忠（2016）『タスマニアを旅する60章』，明石書店，352頁。
池島大策（2000）『南極条約体制と国際法—領土、資源、環境をめぐる利害の調整』，慶應義塾大学出版会，473頁。

◎写真出典
p.27　写真２
https://ja.wikipedia.org/wiki/アブラヤシ#/media/ファイル:Oilpalm_malaysia.jpg
p.27　写真３
https://ja.wikipedia.org/wiki/アブラヤシ#/media/ファイル:Elaeis_guineensis_fruits_on_tree.jpg
p.49　写真１
https://www.flickr.com/photos/worldremit/33322696760/in/photolist
p.79　写真１
https://ja.wikipedia.org/wiki/ロベール・シューマン#/media/ファイル:Bundesarchiv_Bild_183-19000-2453,_Robert_Schuman.jpg
p.85　写真１
https://de.wikipedia.org/wiki/Hafen_Nürnberg#/media/Datei:Luftbild_GVZ_aus_Süden_2_05-2011.jpg
p.137　写真１
https://ja.wikipedia.org/wiki/光化学スモッグ#/media/ファイル:AerialViewPhotochemicalSmogMexicoCity_2.jpg

> 著者紹介

伊藤 智章（いとう・ともあき）

▶静岡県立高校教諭。日本地図学会学校GIS教育専門部会主査。
NPO法人「伊能社中」ティーチング・フェロー。

1973年、静岡県生まれ。
立命館大学大学院文学研究科地理学専攻博士前期課程修了。
教育現場のニーズを踏まえ、「ほぼ無料」「教科書準拠」をモットーに、デジタル地図を使った教材と、作り方のノウハウを多数発表している。
20年来、生徒からも同僚からも「いとちり先生」と呼ばれ続けて現在に至る。
2015年、日本地理学会賞（地理教育部門）受賞。
第12回（2018年度）日本地図学会教育普及賞受賞。

◎著書『いとちり式地理の授業にGIS』（古今書院）、『地図化すると世の中が見えてくる』（ベレ出版）
◎ブログ「いとちり」（http://itochiriback.seesaa.net/）
　Eメール：geo-ito@bea.hi-ho.ne.jp

● ── 装丁・本文組版　　常松 靖史［TUNE］
● ── グラフ・イラスト　いげた めぐみ
● ── 校正協力　　　　　曽根 信寿

地図化すると世界の動きが見えてくる

2019年11月25日　初版発行

著者	伊藤 智章（いとう ともあき）
発行者	内田 真介
発行・発売	ベレ出版 〒162-0832　東京都新宿区岩戸町12 レベッカビル TEL.03-5225-4790　FAX.03-5225-4795 ホームページ　http://www.beret.co.jp/
印刷・製本	三松堂株式会社

落丁本・乱丁本は小社編集部あてにお送りください。送料小社負担にてお取り替えします。
本書の無断複写は著作権法上での例外を除き禁じられています。購入者以外の第三者による本書のいかなる電子複製も一切認められておりません。

©Tomoaki Ito 2019. Printed in Japan
ISBN 978-4-86064-598-4 C0025　　　　　　　編集担当　森 岳人

ベレ出版　　　　　　　　　　　　　　　　大好評の既刊

地図化すると世の中が見えてくる

伊藤智章
Ito Tomoaki

定価 1500円（税抜）

自然環境・産業・資源・エネルギー・生活と文化・人口の様々な情報を地図化し、その傾向や特徴を解説。例えば「コンビニエンスストアの出店戦略」「外国人旅行者の移動」「産油国の変化」「肉食の地図」「信心深い土地はどこか？」など、地図上に可視化して様々な実態をあぶり出していきます。地図を見て読んで学べる地理。

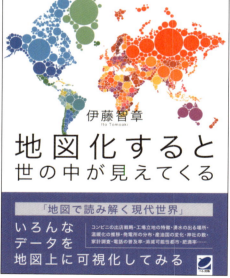

ISBN978-4-86064-488-8